func

Fundraising von unten

DON BOSCO

Inhalt

Weitermachen

Vorwort

Die Diskussionen um die Entwicklung der Finanzen in den verfassten Kirchen laufen seit vielen Jahren. Sie haben oft einen Unterton von Endzeitstimmung oder Resignation. Längst beschränken sich die Sparmaßnahmen nicht mehr nur auf Stellenkürzungen und die damit verbundene Einschränkung des kirchlichen Handelns. Aus pastoralen, aber auch aus finanziellen Gründen wurden inzwischen Pfarrgemeinden zusammengelegt und sogar Kirchen geschlossen.

Vor diesem dramatischen Hintergrund muss Kirche auf neue Art über ihre weitere Arbeit und deren Finanzierung nachdenken.

Das Bistum Hildesheim hat als eher *armes* Diasporabistum schon frühzeitig mit tiefen Einschnitten in den laufenden Betrieb reagiert. Damit hat die Diözese – bis heute – alle Beteiligten, Kirchenmitglieder, Priester und Diakone, haupt- und ehrenamtliche Mitarbeiter sowie kirchliche Einrichtungen und ihre Besucher massiv gefordert.

Aber das Bistum hat auch in die Zukunft investiert. Im besten Sinne azyklisch handelnd hat es am 1. Januar 2001 das Fundraisingbüro gegründet. Fundraising soll nach dem Willen der Diözese künftig einen maßgeblichen Beitrag zur Finanzierung der kirchlichen Aufgaben leisten. Damit steht das Unternehmen *Fundraising* im Brennpunkt der Veränderungsprozesse und muss danach seinen Auftrag ausrichten und gestalten.

Fundraising ist eine Idee von Kommunikation: Menschen von unserem Wirken so zu überzeugen, dass wir sie mitnehmen und mit ihnen gemeinsam Kirche gestalten. Dafür brauchen und erhalten wir ihre Unterstützung, materiell und immateriell.

Dieses Buch beschreibt die Idee des Fundraisings im Bistum Hildesheim und darüber hinaus in der Kirche. Und weil Fundraising immer praktisch ist und werden muss, zeigen wir einige Beispiele gelungener Projekte. Projekte von dort, wo Fundraising am Ende wirken muss: nahe bei den Menschen, in den Einrichtungen und Kirchengemeinden. Fundraising von unten.

Werner Schreer

Dr. Werner Schreer | | | Generalvikar
Bistum Hildesheim

Die Organisation weiß am besten, was sie braucht ...

Klaus Heil /// Leiter Fundraisingbüro

Fundraising von unten

Schritte ins Ungewisse

Klaus Heil ||| Fundraising von unten Schritte ins Ungewisse

Mut erhalten und Mut machen

Wir wollen Mut machen zum Fundraising und den Spaß daran vermitteln – und sprechen über Schritte ins Ungewisse. Wie passt das zusammen?

Kirche, und die katholische Kirche mit ihren historischen *katholischen Milieus* allemal, vermittelt schnell ein Bild der Unbeweglichkeit. Gewiss, eine große verfasste Kirche hat manches in ihrem Wesenskern, was unverzichtbar sein muss, in gewissem Sinn auch unveränderbar, wenn auch nicht in seinen notwendigen zeitgemäßen Deutungen. Doch haben wir in den vergangenen Jahrzehnten in Europa und vor allem in Deutschland eine Gesellschaft entwickelt, die sich außerordentlich stark säkularisiert hat. Wachsender Wohlstand und eine Entwicklung des bürgerlichen Engagements haben sich andere Orte für ihre Werte und Maßstäbe gesucht als die großen Kirchen. Nicht zuletzt der nachhaltige Erfolg der Partei der *Grünen*, einer im Kern wertkonservativ geprägten, bürgerlichen Partei hat das sehr deutlich gemacht.

Doch auch diese Entwicklung der siebziger und achtziger Jahre des letzten Jahrhunderts haben die verfassten Kirchen nicht wesentlich zum Nachdenken gebracht, wenngleich an ihren Rändern basiskirchliche Aktivitäten entstanden sind und zeitweise für Aufregung gesorgt haben – aber nicht substanzielle Veränderungen bewirkt haben. Stellvertretend sei dabei das große ökumenische Sozialwort der Kirchen angeführt, das in bester basisdemokratischer Manier lange zerredet wurde und letztlich politisch wirkungslos verpufft ist – innen wie außen.[1]

Sicher, zunehmend haben wir das zurückgehende Engagement unserer Kirchenmitglieder beklagt. Neben den Kirchenaustritten, die unsere Mitgliederzahlen langsam, aber allmählich schrumpfen lassen, haben wir das viel gravierendere Problem, dass wir inzwischen winzige Kerngemeinden haben – das offizielle Gemeindeleben, die Gremien, Kreise und der Kirchenbesuch werden durch Gemeindeglieder repräsentiert, die einen einstelligen Prozentanteil an der Gesamtgemeinde haben. Kein Wunder, dass wir uns schon lange allenthalben fragen wie das traditionelle gemeindliche *Servicepaket*, das ja sehr stark vom ehrenamtlichen Engagement getragen ist, noch aufrecht erhalten werden kann – wenn sich über 90 Prozent der Gemeindemitglieder faktisch ausklinken.

Ich behaupte, auch das hätte nicht wirklich Schubkraft und Druck für notwendige Veränderungen erzeugt, wenn nicht eines eingetreten wäre, das viele immer noch nicht wirklich realisiert haben: der stetige Rückgang der Kirchensteuermittel und damit der Basisfinanzierung der verfassten Kirchen.

[1] *Für eine Zukunft in Solidarität und Gerechtigkeit. Wort des Rates der Evangelischen Kirche in Deutschland und der Deutschen Bischofskonferenz zur wirtschaftlichen und sozialen Lage in Deutschland. Hannover und Bonn 1997*

Sowohl aufgrund der demografischen Veränderungen, aber auch in erheblichem Maße wegen der Veränderungen der Steuergesetzgebung haben wir seit den frühen neunziger Jahren einen zunehmenden Rückgang der Kirchensteuersumme. Diese Entwicklung wird auf keinen Fall mehr umkehrbar sein, und wie weit diese zentrale Ressource sich verknappen wird, können wir heute nur vermuten.

Und diese Tatsache fast alleine, bei der katholischen Kirche begleitet durch den eklatanten Priestermangel und bei der evangelischen Kirche absurderweise durch einen nicht mehr zu finanzierenden Überbau an Hauptamtlichen, führt zu massiven Veränderungen im Aufbau der Kirchen.

Überall wird inzwischen – mit sehr unterschiedlichem Engagement und sehr unterschiedlichen Geschwindigkeiten – die Kirchenlandschaft neu zusammengelegt. Wir nehmen das zuallererst an den Fusionsprozessen der Kirchengemeinden war, wo kleine und kleinste Einheiten nicht mehr wirtschaftlich zu halten sind – doch halt: wirtschaftlich? Und das in Kirche? Geht es inzwischen nur noch ums Geld, nicht mehr um unsere Botschaft?

Jetzt, in diesem Zusammenhang, kommen Diskussionen grundsätzlicher Art auf. Neben der fast fundamentalistischen Haltung, dass in Kirche nicht über Geld geredet wird, ist auch viel Nostalgie im Spiel, wenn über die vergangene Zeit der satten Kirchensteuerausstattung sinniert wird, eine Zeit, in der sich Kirche fast ungesteuert entwickelt hat – weil fast alles bezahlbar schien.

Jetzt fragen wir uns, mit dem Blick aufs Sparen, nach Prioritäten. Was brauchen und wollen wir noch, was kann wegfallen? Das ist allerdings nur der eine, defensive Blick aufs Geschehen. Immer mehr fragen auch, was wollen wir zukünftig auf- und ausbauen und wer unterstützt uns darin, außerhalb der Kirchensteuerschiene? Und so kommen wir fast zwangsläufig auf unser Thema: das Fundraising.

Fundraising als Bild des Systemwechsels ///////

Doch Fundraising, das werden wir zeigen und beschreiben, funktioniert völlig anders als die Kirchensteuer. Wir treten ein in einen neuen Dialog: Wir propagieren bewusst und mit dem erklärten Ziel, Unterstützung zu generieren, unsere guten Werke. Wir wechseln damit aus einer Kirche, die die Kirchtür auf- und zuschließt und den mangelnden Besuch ihrer Angebote bedauert, zu einer Kirche, die aktiv mit *allen* Menschen in ihrem Gemeinwesen spricht: mit den Gemeindegliedern ebenso wie mit den nicht- oder andersgläubigen Eltern der Kindergartenkinder und sagt: Die Dinge, die wir tun, tun wir mit Überzeugung. Willst du daran teilhaben, willst du sie unterstützen?

In diesem anderen System des Dialogs machen wir die üblichen Erfahrungen desjenigen, der vorbehaltslos mit allen spricht: Wir ernten überwiegend Desinteresse und leichte Ablehnung, wenig vehemente Gegenrede und noch weniger Zustimmung. Das zu erleben, auszuhalten und durchzuhalten ist Bestandteil unserer neuen Haltung, die es zu erwerben gilt: hinausgehen mit unseren Dingen in die reale Welt, über die (Wenigen) hinaus, die ohnehin kommen zu den Vielen, die kaum oder gar nicht von uns gehört haben.

Und dann, wenn wir überzeugt haben, und zwar nachhaltig, kommt auch Unterstützung. Wir als Fundraiser sagen: Freunde, Unterstützer zu werben, ist das Wichtigste. Die Spende kommt dann fast von alleine ...

Doch, wie bereits erwähnt, zentrales Element bei diesem Vorgehen ist die Haltung: die Haltung der Organisation Kirche, der Gemeinde, aber natürlich auch die eigene Haltung, die authentisch die Botschaften verkörpern soll ...

Das hört sich schwierig an, ist aber viel leichter als gedacht, wenn die wesentlichen Prinzipien guten Fundraisings erst mal verstanden sind, von jedem Einzelnen, aber auch von der Organisation, um die es geht. Deshalb ist Fundraising viel, viel mehr als Spendensammeln. Es funktioniert nicht mit einer schnellen Methode, mal einen Brief zu schreiben oder einen Aufruf zu tätigen. Es funktioniert nur, wenn die Menschen an der Basis, die Hauptamtlichen, die Ehrenamtlichen, ihre Tätigkeit danach gestalten. Eben *Fundraising von unten.*

Vom Spendensammeln zum Fundraising IIIIII

Fundraising hat im deutschsprachigen Raum eine dynamische, fast rasante Entwicklung genommen. Das ist gut an der Berufsorganisation des Fundraisings zu erkennen: Der Deutsche Fundraisingverband wird 2008 15 Jahre alt, die Fundraisingakademie, deren Gesellschafter der Fundraisingverband ist, wird zehn Jahre alt. Der Deutsche Fundraisingkongress als weithin wahrnehmbares Zeichen dieser Entwicklung mit über 500 Teilnehmern feiert ebenfalls seinen 15. Geburtstag.

Gleichzeitig haben sich in den letzten Jahren vielerlei lokale Veranstaltungsforen als kleine, dezentrale und auch dauerhafte Formate entwickelt, die das wachsende Interesse an dem Thema dokumentieren.

Die Fundraisingakademie bietet seit Ende der 90er Jahre die berufsbegleitende Ausbildung zum Fundraising-Manager an, mehr als 600 Kolleginnen und Kollegen haben diese Ausbildung bereits abgeschlossen, viele davon arbeiten als FundraiserInnen in ihren Organisationen.

Schließlich gibt es eine Entwicklung des Fundraisings *in die Fläche* hinein. War zu Anfang das Fundraising eher Angelegenheit von Spendenorganisationen von oft bundesweiter oder internationaler Ausdehnung, die sich im *Spendensammeln* weiter professionalisieren wollten, kommen heute immer mehr Organisationen aus dem sozialen, kirchlichen, kulturellen und dem Bildungsbereich zum Fundraising, wenn auch zunächst unter dem akuten Schmerz des Geldmangels, so auch Kirche.

Und diese Organisationen, deren vordringlicher Zweck nicht das Sammeln von Spenden ist, bieten für den Aufbau von Fundraising neue und sehr viel schwierigere Herausforderungen als klassische Spendenorganisationen. Wobei bereits viele schon begriffen haben, dass Fundraising mehr mit der Entwicklung von Kommunikation zu tun hat, als mit dem einfachen Einsatz von Spendenbriefen, Events oder einem tollen Plakat am Kirchturm.

Fundraising als Organisationsentwicklung //////

So erleben wir heute bereits die paradoxe Situation, dass eine Organisation sich einen gut geschulten und methodisch sattelfesten Fundraiser leistet, dafür ein passendes Budget mit einer angemessenen Laufzeit bereitstellt, aber dennoch die Beteiligten nach einiger Zeit feststellen, dass das Projekt nicht funktioniert. Und dies, obwohl vordergründig guter Wille allerseits da ist und eine Investitionsentscheidung getroffen wurde. Ähnlich laufen die Dinge mit einem Menschen, der sich das Fundraising als Ehrenamtlicher zur Aufgabe macht (machen lässt) und mit Erfahrung oder auch einer Ausbildung in seiner Kirchengemeinde startet.

Viele dieser gut gemeinten Projekte scheitern oder trocknen langsam aus, oft bleiben frustrierte Fundraiser und das Gefühl der Verantwortlichen zurück, dass Fundraising für sie ja doch nichts bringt …

Dabei haben sie einzig und allein die Aufgabe unterschätzt. Und sind im Wesentlichen auf eine Selbsttäuschung hereingefallen, die im Zeitalter der Organisationsberatung schnell und wohlfeil entsteht, weil dies auch gerne und gut verkauft wird: nämlich ein so genanntes *Knopfdruck*-Konzept, wie wir manche Expertenkonzepte gerne nennen.

Auch damit hat Fundraising inzwischen eine Geschichte, landläufig werden wir Fundraiser ja sofort an unserem Handwerk erkannt. Doch wir wissen heute: Jegliches Wissen über Methoden und Werkzeuge, also über die richtige Gestaltung des Spendenbriefes, den Einsatz der passenden Spender-Datenbank u. v. m. allein nützt herzlich wenig, wenn die Organisation nicht bereit ist, wenn die Kirchengemeinde, das Altenheim Fundraising nicht wirklich will.

Inzwischen sprechen wir im Fundraising von der *institutional readiness*, der Bereitschaft der Organisation, die für gutes Fundraising unabdingbar ist. Konzeptionell begreifen wir Fundraising mehr und mehr als Bestandteil, ja oft sogar als Auslöser von Organisationsentwicklung, also zum Beispiel auch Gemeindeentwicklung.

Aber die Meinungen sind sehr geteilt darüber, wie weit denn Fundraising dabei gehen darf. Und bei den potenziellen Auftraggebern und Verantwortlichen ist noch lange nicht angekommen, wie sehr sie beim Einbau von Fundraising in eine kirchliche Organisation Veränderungen auslösen – müssen. Und sich genau dafür, nämlich für den Umgang mit Veränderungen, aufstellen müssen.

Der Blick von außen ///////////////////////////////

Wie bei diesem Prozess Selbsterkenntnis entsteht, wächst und zu produktiver Wirkung gerät, ist ein spannungsreiches Geschehen. In aller Regel steht das Gefühl einer drohenden oder gar akuten Krise am Anfang – wie immer die Organisation für sich *Krise* als gefühlte Realität wahrnimmt.

An dieser Stelle wird manchmal der Rat von Experten gesucht, die, wie auch immer, aus dieser Krise helfen sollen. Das Fundraisingbüro, als Agentur für kirchliches Fundraising, hat dieses Expertentum im Angebot – und Ziel dieses Buches ist es unter anderem, die mitunter schwierige gemeinsame Suche nach Erkenntnis und Lösungen zu betreiben und Ideen auszuprobieren, bis wirklich taugliche entstehen. Denn dies steht oft am Anfang: Organisationen suchen unter dem Druck ihrer ganz persönlichen Krise die schnelle Lösung, das vordergründig griffige Rezept, die Erlösung. Und sie sind in der Regel überhaupt nicht bereit, eine der wesentlichen

Fragen am Anfang eines Beratungsprozesses ehrlich zu beantworten: ob sie selbst künftig Teil der Lösung oder Teil des Problems sein wollen – also wie ihre eigene innere Bewegung, ihr Wille zur Veränderung aussieht.

Profan betrachtet und zutiefst menschlich charakterisiert, handeln auch Organisationen nach der Devise: Es muss etwas geschehen, es darf aber nichts passieren ...

Doch wenn etwas passieren soll und Veränderung damit produktiv werden soll, treten wir immer einen *Schritt ins Ungewisse*. Denn wir wissen auf neuen Wegen nicht genau, was passiert. Nur: dass etwas passieren wird.

Aus vielen Jahren Erfahrung mit Aufbau- und Entwicklungsprozessen in kirchlichen Organisationen und im Fundraising haben wir deshalb unser Beratungsangebot an dieser wesentlichen Stelle weiterentwickelt und genau dieses Thema in den Vordergrund gerückt: Wie und warum bewegen sich Organisationen – oder warum nicht, und wie können wir Bewegung nachhaltig und erfolgreich (im Sinne der Organisation) unterstützen.

Die Organisation weiß am besten, was sie braucht ...

Mit unserem neuen integrierten Ansatz, dem ursprünglich von Susanne Reuter entwickelten *systemischen Fundraising* gehen wir gleich zwei Schritte weiter: wir bekennen uns kompromisslos dazu, den Aufbau und Einbau von Fundraising als Aufgabe zur Entwicklung einer gesamten Organisation zu sehen. Und wir gehen an die Aufgaben mit einer bestimmten Haltung heran, nicht mit

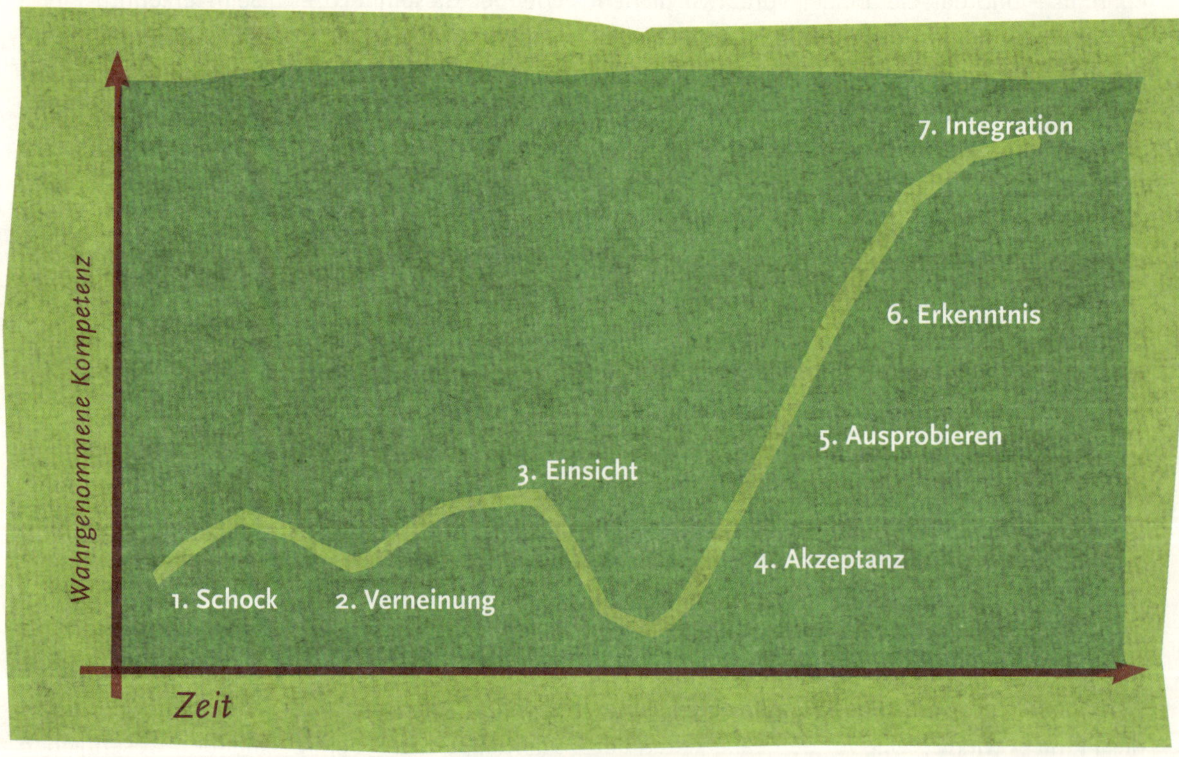

Die Dynamik von Veränderungen, Grafik nach Susanne Reuter, Aachen 2008, mit freundlicher Genehmigung der Autorin

fertigen Rezepten. Und das Zentrum dieser Haltung, der inneren Einstellung zur Beratung und Unterstützung von Organisationen ist: das entscheidende Wissen für die notwendigen Veränderungen ist in der Organisation bereits vorhanden. Wir als systemische Berater setzen deshalb genau da an: die inneren Kräfte und Ressourcen zu entdecken, und diese so rasch wie möglich selbstentwickelnd und selbststeuernd zur Wirkung zu bringen.

Die Erfolge dieses Ansatzes sind bestechend, aber er hat einen großen Nachteil: Diese Beratung ist ausgesprochen individuell und es gibt daher, anders als bei herkömmlichen Expertenmodellen, keine Muster und Handlungsfolien, die mit *wenigen Handgriffen* übertragen werden können. Die Fähigkeit der Experten liegt darin, die oft schmerzhaften Veränderungsprozesse positiv wirksam zu machen. Jede Leitungsperson, jeder Mitarbeiterzirkel, jeder Ehrenamtliche hat dabei eigene Formen von Bewegung und Reaktion.

Wir verstehen eine Organisation als *lebendiges Wesen* mit einem Gedächtnis, einer Geschichte und einem hohen Widerstand gegen Veränderungen, und so behandeln wir sie auch. Die *typische Reaktion* gegen Veränderungen, die in der obenstehenden Grafik musterhaft gezeigt wird, gilt deshalb sowohl für Organisationen als auch für die Menschen, die sich darin befinden.

Natürlich gibt es als geschulte Fertigkeiten der Berater Handwerkszeug und typische Herangehensweisen. Wir bauen einen gesteuerten Veränderungsprozess natürlich systematisch auf (mehr dazu im nächsten Kapitel). Neben technischen Unterschieden zu bekannten Beratungsansätzen, die hier nicht gezeigt werden können, gibt es einen grundsätzlichen Unterschied, der in dem Respekt der Berater vor den Fähigkeiten der Organisation liegt:

Der Beratungsprozess entwickelt sich in so genannten *systemischen Schleifen*: Am Anfang stehen immer das gemeinsame Sammeln und Gewichten von Informationen und das Bilden von Hypothesen, Fantasien über das, *was passiert, wenn* ... Vorschläge werden gemacht, Vereinbarungen getroffen, konkrete Maßnahmen umgesetzt und ausgewertet. Diese Rückkopplungs- und Reflexionsschleifen begleiten permanent den Prozess: So lernt die Organisation.

Schon dieses Herangehen ist für viele Beteiligte schwer auszuhalten: Alle werden ständig auf sich selbst zurückgeworfen und dazu veranlasst, ihre eigenen Kräfte wahrzunehmen und zu nutzen. Gegenüber der Umsetzung glatter *Knopfdruck-Modelle*, die man schön zerreden kann, eine völlig andere Vorgehensweise. Dass der Prozess dennoch zielgerichtet läuft und die Rückkopplungsschleifen zusammengesetzt eine Spirale der Entwicklung nach oben ergeben, ist das Ziel eines gesteuerten Prozesses. Und damit wird die Organisation zur lernenden Organisation – aus sich selbst heraus.

Systemisches Fundraising: am Ende die große schwarze Zahl

Neben vielen anderen interessanten Effekten auf handelnde Personen und Organisationen hat Fundraising einen großen Charme. Wir messen das Ergebnis an einer großen schwarzen Zahl, die an einer bestimmten Stelle unserer Tätigkeiten entsteht und weiter wächst: Die Eigenmittel der Organisation werden durch das vielfältige Engagement von Menschen, Spendern, Sponsoren, Vermächtnisgebern, Zeitspendern gestärkt und erhöht. Und das ist natürlich in Zahlen messbar.

Systemisches Fundraising mündet deshalb als Organisationsentwicklung in konkreten Maßnahmen des Fundraisings, die im Lauf des Einbaus und Aufbaus von Fundraising Zug um Zug aufgebaut werden. Immer mit dem Blick darauf, dass die Haltung der handelnden Personen stimmt: dann gelingt Kommunikation und dann gelingen auch vereinbarte Abläufe. Letztlich sind das die Voraussetzungen, um die handwerklichen Bestandteile des Fundraisings zum Gelingen zu bringen.

Aus dieser Erfahrung heraus entstand unser Projekt *systemisches Fundraising* als Zwei-Phasen-Modell: Wir unterscheiden grundsätzlich den Einbau von Fundraising in eine Organisation von der Weiterentwicklung des Fundraisings in all seinen differenzierten Maßnahmen, dem Aufbau der Spenderbeziehungen, der Frage, wann ich welches Instrument einsetze usw.

Zwei Phasen des Aufbaus von Fundraising

Die *erste Phase*, die des Einbaus von Fundraising, schaut vor allem auf die Entwicklung der Organisation zum Fundraising hin, wir erzeugen ein *integriertes Fundraising*. Dabei setzen wir als *Übungsfelder* kleine und überschaubare Fundraisingprojekte ein, die professionell in den Maßnahmen unterstützt werden. Das heißt, eine Organisation muss selbst nicht gleich alle Maßnahmen, die notwendig sind, umsetzen können, vom Mailing bis zur Datenbank. Diese Werkzeuge können zunächst extern vorgehalten werden, bis die Organisation so weit ist. Wenn die Ziele erkannt und formuliert sind, Rollen geklärt und die Abläufe trainiert sind und bei allem Aufbau die Stolpersteine erkannt und aus dem Weg geräumt sind, dann

... setzt die *zweite Phase* ein, unmerklich im Übergang aus der ersten: Die Organisation eignet sich Zug um Zug die Werkzeuge und Maßnahmenkompetenzen selbst an, die Berater ziehen sich Schritt für Schritt aus dem Prozess heraus, vgl. Seite 26 ff.

Am Ende steht eine Organisation, die sich weiter auf den Weg macht, messbar (!) erfolgreich zu kommunizieren – und ihre Fähigkeiten zur Selbstwahrnehmung und Veränderung erheblich gesteigert hat. Welches Fundraising dabei genau herauskommt – das ist höchst individuell. Aber eines ist ganz sicher, es funktioniert. Auf allen Ebenen, begonnen *von unten*.

Mit einer guten Botschaft
Menschen bewegen!

Bischof Norbert Trelle

Worte und Taten

Veränderungen annehmen – Zukunft gestalten

Aufbau und Entwicklung von Fundraising in Kirche

Fundraising und Kirche: Veränderungen annehmen – Zukunft gestalten

Prof. Dr. Wolfgang Nethöfel im Gespräch mit Bischof Norbert Trelle

Bischof Norbert Trelle /// *Jahrgang 1942, Studium der Katholischen Theologie in Bonn und Innsbruck. Priester seit 1968; 1991 Erhebung zum Monsignore und 1992 Ernennung zum Titularbischof von Egnatia und Weihbischof im Erzbistum Köln. Er war Bischofsvikar für die Seelsorge an ausländischen Katholiken und Residierender Domherr in Köln. 2005 wurde er zum 70. Bischof von Hildesheim ernannt. Er ist Mitglied der Migrationskommission sowie der Kommission für gesellschaftliche und soziale Fragen der Deutschen Bischofskonferenz.*

Wolfgang Nethöfel, Dr. theol. /// *nach einem Studium der Theologie, Philosophie, Literatur- und Sprachwissenschaft und einer berufsbegleitenden Ausbildung Professor für Sozialethik in Marburg, Direktor des Instituts für Wirtschafts- und Sozialethik (www.iws-marburg.de), Gestalttherapeut, Mediator (BM) und Ausbilder für Mediation (BM). Mitglied im Kirchenvorstand der Evangelischen Hoffnungsgemeinde und Moderator der „Werkstatt Bahnhofsviertel" in Frankfurt. Zudem ist er Sprecher des „Netzwerk Kirchenreform" (www. netzwerk-kirchenreform.de) und u. a. Mitherausgeber von „Kirchenreform jetzt!" (2. Aufl. 2008), „Kirchenreform strategisch!" (2007) und „Christliche Identität profilieren" (2007).*

Prof. Nethöfel /// *Herr Bischof, seit dem 1. Januar 2001 gibt es in der Diözese Hildesheim das Fundraisingbüro. Das Bistum Hildesheim hat damals mit dem Projekt „Eckpunkte 2020" einen grundlegenden Veränderungsprozess angestoßen, den manche verkürzt auch als massiven Sparkurs bezeichnen. Die Auswirkungen halten bis heute an. Wollen Sie sich mit Fundraising vom Sparen befreien?*

Bischof Trelle /// Das Bistum Hildesheim ist eines der flächengrößten Bistümer in Deutschland, gleichzeitig ein Diasporabistum, das insbesondere in der Nachkriegszeit durch den Zuzug vieler katholischer Flüchtlinge massive Veränderungen erlebt hat. Man könnte also sagen, dass uns der Umgang mit Veränderungen in Situationen des Mangels nicht fremd ist. Und die Menschen hier im Bistum haben immer vorausschauend versucht, das Beste daraus zu machen.

Die Situation des Bistums um die Jahrtausendwende war tatsächlich geprägt von einer massiven Finanzkrise. Parallel dazu stehen wir in der allgemeinen Entwicklung der katholischen Kirche: zurückgehende Mitgliederzahlen und damit schrumpfende Gemeinden, immer weniger Menschen, die das Priesteramt anstreben und dazu die betriebswirtschaftlichen Herausforderungen, die sich in vielen Gemeinden, Einrichtungen und Immobilien stellen. Wir mussten uns der Frage stellen, ob wir künftige Entwicklungen bewusst steuern und damit auch Entscheidungen treffen wollen über Bestand und Erhalt, Ausbau oder Abbau. Und uns damit natürlich Konflikte an Land ziehen. Oder ob wir die Dinge einfach so laufen lassen.
Deshalb hat das das Bistum, damals unter meinem Vorgänger, Bischof Dr. Homeyer, eine langfristige Planung von Veränderung und Anpassung entwickelt – eben die „Eckpunkte 2020“ – und entschieden in Fundraising investiert. Wir haben diese Investition über die Jahre hinweg sogar erweitert.
Wir haben damit, das können wir ganz selbstbewusst sagen, Pionierarbeit geleistet. Und wir haben von vornherein eine langfristige, nachhaltige Entwicklung im Blick gehabt und sind nicht der Illusion erlegen, mit der Gründung des Fundraisingbüros bräuchten wir unsere übrigen Hausaufgaben nicht mehr zu machen.

Prof. Nethöfel /// *Geht es angesichts des zunehmenden Mangels, den Sie erkannt haben, um kreatives Sparen oder doch um mehr?*

Bischof Trelle /// „Kreativ sparen“: das ist sicherlich zu kurz gedacht. Wir wollen ja aktiv gestalten, nicht Mangel verwalten, und wir wollen uns nicht in Nostalgie ergehen. Gewiss müssen wir viele unserer alten Gewohnheiten darauf hin überprüfen: Halten sie dem Anspruch auf Gestaltungsfähigkeit noch stand? Das führt zwangsläufig dazu, dass manches neu gedacht, manches aber auch aufgegeben werden muss.

Prof. Nethöfel /// *Sie machen dennoch vordergründig das, was an vielen Stellen der verfassten Kirche derzeit passiert: Sie arrondieren Kirchengemeinden, Sie stellen Einrichtungen und Dienste zur Disposition, sogar Kirchengebäude. Was ist das im Kern, was über das bloße Überwintern hinausgeht – und welchen besonderen Beitrag leistet dabei professionelles Fundraising?*

Bischof Trelle /// Wir stellen unsere Zukunftsfähigkeit unter den heutigen Bedingungen sicher, mit einer Tradition von 2000 Jahren und einer Botschaft, die aus dem weltlichen Leben in das ewige reicht. Wir sind immer wieder aufgerufen, unsere Kirche darauf hin zu betrachten, ob sie das uns Wesentliche noch für die Menschen leisten kann, um die es geht. Darin steckt der Kern und auch die Verpflichtung zur Veränderung. Fundraising hilft dabei, weil gutes Fundraising eine Veränderung der üblichen Kommunikation braucht – und weil wir mit unseren Fundraisingprojekten gezwungen sind, zielorientiert und erfolgreich Menschen zu überzeugen.

Prof. Nethöfel /// *Probe aufs Exempel ist die anstehende Sanierung des Doms zu Hildesheim, ein Projekt, das azyklisch erst mal mit viel Geldausgeben verbunden ist. Gleichzeitig sparen Sie bei anderen wichtigen Aufgaben, investieren kräftig und bitten dann auch noch zusätzlich um Geld: Das muss man ja nun wirklich gut begründen können. Kann das nicht einen Schatten werfen auf das Projekt „Fundraisingbüro"?*

Bischof Trelle /// Im Gegenteil! Ein Dombauprojekt ist auch zusammen mit größeren Maßnahmen, wie der jetzigen, ein immer dauerndes Werk, in dem das, worum es eigentlich geht, derart sichtbar wird, dass man auf vielerlei Weise daran anknüpfen kann, um mit den Menschen ins Gespräch zu kommen und sie davon zu überzeugen, dass ihr Engagement ein Ergebnis hat: gewissermaßen „zum Anfassen". Schließlich ist eine Kathedrale keine Kirche wie jede andere, weder in der faktischen Größe noch in ihrer theologischen Bedeutung. Sie ist Zentralkirche des Bistums und die Kirche des Bischofs. Damit stehen wir zur Zeit in einer sehr dynamischen Diskussion innerhalb des Bistums, weil wir gleichzeitig rund 90 Kirchengebäude zur Disposition stellen.
Dass wir derzeit im Bistum diese Spannung aushalten, ja sogar bewusst weiterbewegen, indem wir Schritte nach vorne gehen und uns Gegenwind einfangen, das ist gut so. Wir tun das ja mit Angeboten der Unterstützung und mit Ideen der Weiterentwicklung für die Beteiligten und versuchen auch, innerhalb des knappen Zeitrahmens Veränderungen mit Augenmaß zu gestalten. So haben wir den Zeitplan für die Kategorisierung von Kirchengebäuden gerade um ein knappes Jahr gestreckt, um uns mehr Zeit zu geben, die Mitwirkung unserer Gemeinden in diesem Prozess gut zu begleiten.
Wir betreiben also langfristige Zukunftssicherung für die Handlungsfähigkeit unseres Bistums. So ist Kirche – so sollte aber auch unsere Gesellschaft sein.
Die Baumaßnahmen im Dom und dem Dom-Museum starten Mitte nächsten Jahres und werden bis Ende 2014 dauern. In diesen gut fünf Jahren wollen wir mit Hilfe des Fundraisingbüros für das Gesamtvolumen von derzeit rund 21 Mio EUR etwa 2 Mio Spenden erzielen. Zur Zeit bereiten wir die dazu notwendigen PR-Maßnahmen vor und werden, wenn im Herbst diesen Jahres die genaue Planung der Baumaßnahmen steht, daran entlang passende, spannende und hoffentlich höchst erfolgreiche Fundraisingaktionen ablaufen lassen.

Prof. Nethöfel ***III*** *Das Fundraisingbüro soll die Gemeinden beim Aufbau alternativer Finanzierungsquellen unterstützen und beraten. Was ist, wenn die Gemeinden nun genauso verfahren und mit Fundraising Kirchengebäude retten wollen, die Sie für „disponibel" halten? Entsteht dann Konkurrenz – oder erweitert sich der Markt?*

Bischof Trelle **III** Die Fundraiser setzen eher auf die Markterweiterung. Aber von Konkurrenz kann auch aus einem anderen Grund keine Rede sein. Fundraising löst die vorhandenen Probleme ja nicht so, dass alles bleibt, wie es war. Es lässt auch nicht mit irgendeiner tollen Methode Manna vom Himmel regnen. Nein, das Fundraisingbüro ist Teil der systematischen Unterstützung der Kirchengemeinden, die anstehenden Veränderungen bewusst anzugehen und mit zu steuern. Das heißt auch ganz konkret: Entwickelt eine Kirchengemeinde ein tragfähiges und zukunftsfähiges Konzept, um etwa ein Gebäude oder ein Angebot weiterzuführen, das wir zunächst für disponibel gehalten haben, dann soll das so sein. Dafür ist das Fundraisingbüro gerade da: gemeinsam mit allen Menschen im Bistum Kirche zukunftsfähig zu machen. Das ist nicht nur, nicht einmal zum größten Teil eine Frage des Geldes, sondern vielmehr der Entwicklung gerade lokaler Visionen und Energien.

Prof. Nethöfel ***III*** *Haben Ihre Gemeinden noch diese Energien? Wenn wir sehen, wer noch die Sonntagsgottesdienste besucht ...*

Bischof Trelle **III** Richtig ist, dass ein immer kleiner werdender Teil unserer Gemeindemitglieder regelmäßig am Sonntagsgottesdienst teil nimmt. Die Eucharistiefeier bleibt ein zentrales Element unseres Gemeindelebens, auch gegen alle Widrigkeiten der Moderne. Doch die drei Säulen der Gemeinde bestehen neben dem Gottesdienst auch aus der Diakonie und der Verkündigung, beides aktive, am realen Leben der Menschen orientierte Handlungen. Wenn wir uns die Motive anschauen, weshalb gottesdienstferne Gemeindemitglieder weiter bei uns bleiben und nicht austreten, nennen sie oft das weite diakonische Wirken unserer Kirche als Grund. Wir haben auch in den langen Jahren der guten Finanzen Defizite in der Verkündigung aufgebaut, an vielen Stellen waren wir einfach zufrieden mit denen, die gekommen sind. Sicher müssen wir auf diesen Feldern aktiver werden, wieder lernen, direkter auf Menschen zuzugehen.
Insgesamt befinden wir uns in einem massiven Veränderungsprozess, das ist keine Frage. Aber das Evangelium ist der rote Faden, der durchträgt und unverändert bleibt. Bei all dem, was in dieser Gesellschaft mit Menschen, Familien, ihrer Arbeit, ihren Beziehungen geschieht, merken wir eine wachsende Sehnsucht nach grundlegenden Werten jenseits der alltäglichen Zwänge. Unsere Aufgabe ist, uns als Ort für diese Sehnsucht wieder deutlich zu machen. Und, wie wir auch aus den evangelischen Kirchen hören: Es gibt durchaus ein „Wachsen gegen den Trend".

Prof. Nethöfel ***III*** *Das Bistum Hildesheim mit dem Fundraisingbüro hat gerade zusammen mit der Evangelischen Landeskirche Hannovers den ersten Ökumenischen Fundraisingtag organisiert. Liegt in der Ökumene ein Weg, mit gebündelten Kräften Kirche wieder interessant zu machen?*

Bischof Trelle **III** Der erste Ökumenische Fundraisingtag in Hannover war ein durchschlagender Erfolg. Nicht nur, dass wir fast zweihundert Teilnehmer hatten, sondern auch die Rückmeldungen fielen nahezu euphorisch aus.

Wir haben mit unserem Konzept, eine Veranstaltung für Menschen an der Basis von Kirche zu machen, genau ins Schwarze getroffen. Wir wollten, und das werden wir auch mit dem zweiten ÖKFT 2009 versuchen, einen Geschmack von Fundraising erzeugen, ein Gefühl dafür geben, dass wir mehr tun wollen, als nur irgend welche smarten Tricks anwenden, um Leuten Geld aus der Tasche zu ziehen. Dass es uns mit gutem Fundraising um das Wesen von Kirche geht: mit einer guten Botschaft Menschen zu bewegen. Dass diese Menschen uns dann, wenn sie überzeugt sind, auch materiell unterstützen, ist eine natürliche Folge. Das wollten wir mit dem ÖKFT vermitteln, und das ist uns, glaube ich, auch überzeugend gelungen.
Gerade in dem großen Diasporabistum Hildesheim ist die Ökumene eine gute, langjährige, geschwisterliche Übung. Das Fundraising der Evangelischen Landeskirche Hannovers ist mit dem dortigen Fundraisingteam unter der Leitung von Paul Dalby ein wegweisendes Unternehmen in der EKD. Und schön ist, dass das gleiche für unser Fundraisingbüro unter der Leitung von Klaus Heil für den katholischen Bereich gilt. Beide, Dalby und Heil, stehen auch seit Jahren für die Weiterentwicklung von kirchlichem Fundraising. Nicht zuletzt stehen auch beide Personen für die Kollekta, den renommierten kirchlichen Fundraisingkongress, der alljährlich in Hannover veranstaltet wird. Und schließlich sind Landeskirche und Bistum dort Mitveranstalter.
Wir tun gut daran, Fundraising in der Kirche, durchaus in ökumenischem Geist, konsequent weiter zu entwickeln und zu profilieren – als besondere Form eines werteorientierten Fundraisings, bewusst im Unterschied zu anderen ähnlichen Fundraising-Unternehmungen. Und uns als Kirche im säkularen Raum gut zu positionieren, ist allemal ein ökumenisches Unternehmen.

Prof. Nethöfel /// *Klaus Heil sagt gerne, „Fundraising ist erfolgsorientierte Verkündigung". Was sagen Sie als Bischof zu dieser pointierten Formulierung?*

Bischof Trelle /// Gutes Fundraising, zumal kirchliches, ist dazu da, Freunde und Unterstützer zu gewinnen. Dazu müssen wir unsere Botschaften erst selbst wieder (neu) verstehen, sie schärfen und verständlich machen, als Organisation in der Lage sein (und es wollen!) hinaus zu gehen und Menschen für uns zu gewinnen. Dass wir das wohlüberlegt machen, uns Ziele setzen, die Wege dahin überprüfen und am Ende einen Mehrwert für die Kirche erzielen wollen – das kann man durchaus erfolgsorientierte Verkündigung nennen. Und Klaus Heil hat sicher damit nicht sagen wollen, dass wir bisher als katholische Kirche erfolglos in der Verkündigung waren.

Prof. Nethöfel /// *Ihr Fundraisingbüro wirbt gerade dafür, abseits der üblichen Kirchenkanäle Förderer zu finden. Warum lassen Sie sich darauf ein, und welche Projekte sprechen Sie da an?*

Bischof Trelle /// Kirche steht mitten im Leben, und zunächst müssen wir selbst uns überlegen, wo das ist und was wir da genau tun. Wenn wir verstehen, dass gerade kirchenferne Menschen unser werthaltiges diakonisches Profil schätzen, dann haben wir auch genau die Themen, für die uns Menschen unterstützen:
Grenzfragen des Lebens bewegen viele Menschen, zu unseren Veranstaltungen zur Patientenverfügung zu kommen. Die wahrnehmbare Armut im Reichtum bewegt Menschen, für Schulmaterial oder Mittagessen für Kinder von Hartz-IV-Familien zu spenden. Unsere konfessionellen Schulen sind vielfach überlaufen, weil auch (oder gerade) kirchenferne Menschen uns zutrauen, Kinder anders auszubilden, besser fundiert ins Leben zu führen, als dies staatliche Schulen tun. So ließe sich die Liste fortsetzen.

Prof. Nethöfel /// *Im Fundraising-Zusammenhang wird das Thema Sponsoring in der Kirche heiß diskutiert. Sie warben mit einem Foto für den Ökumenischen Fundraisingtag, das eine Auto-Werbung am Kirchturm zeigt. Wie weit kann die Kirche gegenüber Unternehmen gehen, ohne ihr Image zu beschädigen oder sich gar, wie Kritiker sagen, an die andere Seite zu verkaufen: um des Mammons willen?*

Bischof Trelle /// Für Sponsoring gilt immer die Devise: Augenhöhe mit dem Partner herstellen und sich bewusst werden, dass die Firma XY tatsächlich von unserem Image profitieren will. Dieser „Imagetransfer" findet auf jeden Fall statt, wir haben uns zu fragen, ob wir dabei Image verlieren können. Wenn die Firma und das Anliegen der Firma zu uns und unserem Vorhaben passt – dann passt auch das Sponsoring.
Die temporäre Anzeige am Gerüst des Kirchturms hat die Renovierung mitfinanziert. Dafür hat ein Großteil der Menschen Verständnis, ja sogar Sympathie. Wir müssen uns nur bewusst sein, dass wir auf der anderen Seite ein gewinnorientiertes Unternehmen haben, das nichts verschenkt und in der Regel gut rechnet – was wir in der Kirche erst noch lernen müssen. Und: Sponsoring ist keine Wohltat und keine Spende, sondern ein Geschäft. Darin liegt nichts Unanständiges, wenn die Partner reell miteinander umgehen.
Gerade am Beispiel Sponsoring zeigt sich aber auch, welche Chancen das Fundraisingbüro bietet: für das Bistum ebenso wie für die Gemeinden, für unsere Einrichtungen, für die Caritas. Durch die professionelle Kommunikation mit Spendern und Sponsoren entsteht ein Echo-Effekt. Um es wieder in der Sprache der Ökonomen zu sagen: Gerade weil Werte bewahren, bezeugen und vermitteln zum Kerngeschäft der Kirche gehören, gerät der Markenkern im Alltag oft aus dem Blickfeld. Fundraising geht aber nicht ohne Wertemanagement. Wir müssen bewusst mit dem umgehen, wofür wir einstehen, wir müssen es überzeugt und überzeugend repräsentieren, um es glaubwürdig kommunizieren zu können. Insofern nutzt Fundraising von Anfang an.

Klaus Heil ||| Worte und Taten
Aufbau und Entwicklung von Fundraising in Kirche

Was ist ein Fundraisingprojekt, was eine Fundraisingmaßnahme?

In diesem Kapitel wollen wir beispielhaft den systematischen Aufbau des Fundraisings in einer (kirchlichen) Organisation beschreiben – das Verfahren ist übertragbar auf verschiedene Einheiten, z. B. Dekanate, Kirchenkreise, oder auch auf Einrichtungen wie z. B. Altenheime, Kindertagesstätten, Beratungsstellen und andere.

Aufbau von Fundraising verstehen wir als Projekt. Ein Projekt hat einen Anfang und eine Ende – das heißt, nach einer bestimmten Zeit ist der Aufbau des Fundraisings abgeschlossen. Natürlich ist nicht das Fundraising beendet, sondern das beginnt nach der Aufbauphase erst seine Wirkung richtig zu entfalten.

Der Begriff Fundraisingprojekt, und hier liegt eine Quelle für Missverständnisse, wird manchmal auch benutzt für eine abgeschlossene Fundraisingmaßnahme, z. B. eine konkrete Spendenbriefaktion, ein Benefizkonzert oder eine Telefonaktion. Wir benutzen den Begriff im oben genannten Sinn.

Für uns ist in diesem Zusammenhang besonders wichtig: Fundraising betreiben heißt nicht, mal eine Maßnahme durchzuführen. Mögliche Fundraisingmaßnahmen sind das Ergebnis eines guten Fundraisingaufbaus, nicht dessen Voraussetzung. Wir wollen im Folgenden zeigen, wie sich beispielhaft Fundraising als (strategische) Idee entwickelt. Zunächst verändern und entwickeln wir Verfahren und Kommunikation, dann produzieren wir die dazu passenden Maßnahmen, nicht umgekehrt.

Von nichts kommt nichts

Stets haben wir bei der Einführung von Fundraising eine ähnliche Diskussion: Immer dann, wenn wir über Kosten von Fundraising sprechen, ernten wir verwunderte Reaktionen. Wieso Kosten? Fundraising soll doch Geld einbringen, nicht Geld kosten. Mindestens muss sich Fundraising selbst verdienen, so die vorherrschende Meinung, und zwar von Anfang an …

Interessant ist, dass diese Ansicht in unseren Gremien auch von den anwesenden Kaufleuten, Managern und Betriebswirten vertreten wird – die ihrerseits nicht auf den Gedanken kämen, dass eine neue Maschine, eine neue Investition sich gleich selbst verdient – das braucht seine Zeit, aber die Kosten entstehen sofort. Doch hier wie dort machen wir es dann richtig, wenn wir eine ordentliche betriebswirtschaftliche Rechnung aufstellen – und zeigen, wann sich die eingesetzten Mittel rechnen und ab wann wir beabsichtigen, Geld zu verdienen. Wir sprechen vom *break even*, also dem Zeitpunkt, ab dem die Erlöse die eingesetzten Kosten decken und wir in die *Gewinnzone* gelangen.

Bei allem Neuen und Ungewohnten, das Fundraising alteingefahrenen sozialen Organisationen bringen mag, ist Fundraising auch ein Handwerk. Hier muss und kann gerechnet werden. So kommen wir zu der Situation, die manch einen

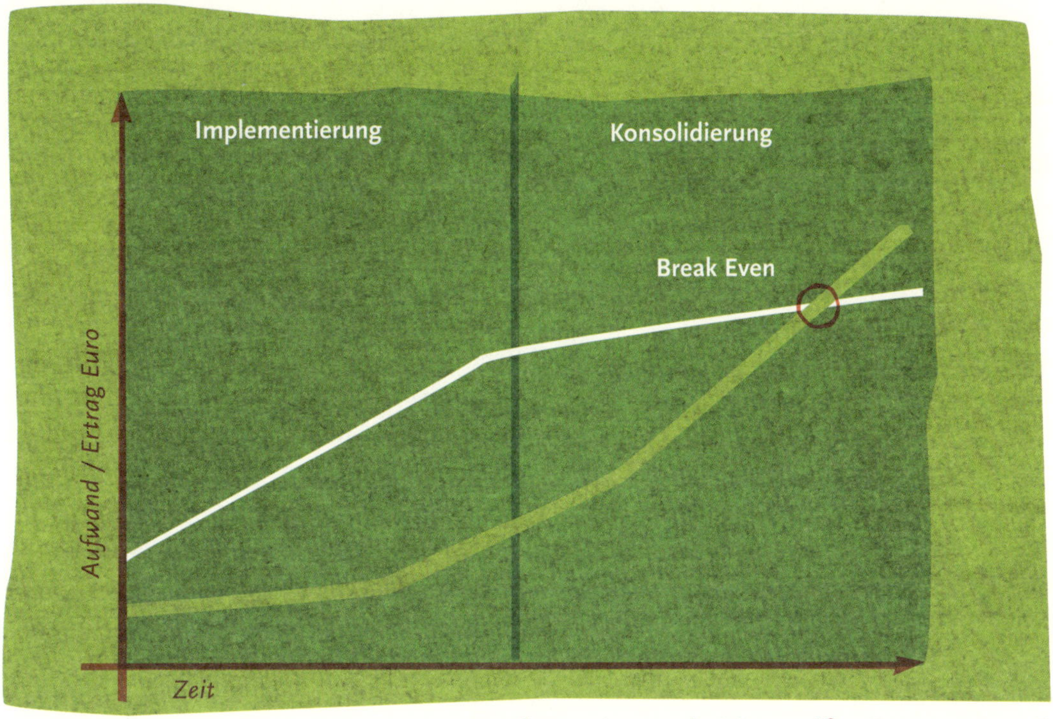

Break Even im Fundraising; weiß = Kosten, grün = Ertrag

merkwürdig anmutet. Die Kernkompetenz des Fundraisings, die Kommunikation wird materiell bewertet. Wir sprechen ganz bewusst von *erfolgreicher Kommunikation*, wenn wir Menschen davon überzeugen können, unseren Ideen zu folgen – und diese auch materiell zu unterstützen. Auch wenn die Tatsache, dass wir Kommunikation rechnen, für einige Betroffene wieder etwas ganz Ungewohntes ist – berechnet der Pastor den Erfolg seiner Sonntagsansprache? Wahrscheinlich noch nicht ...

Neben der wichtigen Arbeit des Organisationsaufbaus (siehe Seite 8–14), den Veränderungen, die nottun und den Anpassungsleistungen, die unvermeidbar sind, bleibt die Notwendigkeit, Fundraising letztendlich materiell zu beschreiben – den Erfolg also in Geld auszudrücken. Und hier ist eine der vielen Zonen, wo die Kraft der Veränderung des Fundraisings spürbar wird. Eine soziale, eine kirchliche Organisation an vielen Stellen, auch in ihrer Entwicklung und Kommunikationskraft, materiell zu beschreiben, ist neu und bestenfalls ungewohnt. Im schlechteren Fall lehnen die Betroffenen diese Sichtweise zunächst ab und verbannen sie in die verschämt betriebene Abteilung *Bitten und Betteln,* wo sich dann das Fundraising wiederfindet. Das funktioniert, wie man sich denken kann, entsprechend ...

Das Projekt „Aufbau und Einbau von Fundraising“

Professionelles Fundraising betreiben heißt natürlich auch, den Aufbau von Fundraising im Hinblick auf künftige Maßnahmen und Aktionen zu beschreiben und zu kalkulieren. Idealerweise sehen wir das Projekt *Aufbau und Einbau* als einen einheitlichen, zeitlich abzugrenzenden Prozess. Wir halten einen Mindestumfang an externer Unterstützung für ein solches Vorhaben für unabdingbar, und so beschreiben wir es auch.

Bestandteile eines solchen Projektes sind:

Projektvorlauf

- Klärung von Vorhaben und Auftrag
- Ziel des Projektes
- Analyse und Projektdesign
- Projektinstanzen: Leitungs- und Arbeitsebenen
- Zuständigkeiten
- Rollen

Prozessarchitektur

- Zeitlauf
- Arbeitsschritte
- Arbeit in den jeweiligen Instanzen
- Umgang mit Dynamik der Veränderungen

Projektvorlauf IIIIIIIIIIIIIIIIIIIIIIIIIIIIIIIIIII

Eine unserer wesentlichen Erkenntnisse aus vielen Jahren Projektentwicklung ist: Der größte Teil der wesentlichen Fehler passiert zu Anfang eines Projektes. Das weiß man in der Regel leider erst im Nachhinein – aber diese Erkenntnis ist der wichtigste Hinweis darauf, in der Vorbereitung des Fundraisingprojektes hohe Sorgfalt walten zu lassen.

In unserer systemischen Sichtweise schauen wir deshalb nicht so sehr auf die Wunschbilder, die ohnehin in der ersten Sicht auf der Hand liegen: möglichst schnell möglichst viele Mittel für ... zu generieren. Wir schauen auf die *Auftraggeber*. Wer sind die Entscheider, die im Vorfeld des Projektes mit uns zusammentreffen? Repräsentieren sie ihre gesamte Organisation oder sprechen wir nur mit Vertretern einer Richtung? Wir wünschen uns darüber hinaus nicht nur Leitungskräfte, sondern auch Vertreter der Basis, bereits im Vorlauf des Projektes. Wichtig sind auch die informellen Meinungsbildner und die Hauptbedenkenträger. Das sind oft Menschen, die wichtige und notwendige Widerstände einer Organisation artikulieren. Und sie gehören mit in ein Fundraisingprojekt.

In der Vorlaufphase versuchen wir also als erstes ein gemeinsames Gefühl dafür zu bekommen, was die Organisation eigentlich will und wohin sie strebt. Wichtig ist auch, ob den Beteiligten das bewusst ist – und welchen Ort und welchen Sinn darin ein Fundraisingprojekt hat. Wenn drei Mandatsträger mit einer vielleicht pfiffigen Idee und unserer operativen Unterstützung den umfallenden Kirchturm sanieren, mag das ein vordergründiger Erfolg sein. Wenn die sie umgebende Gemeinde aber damit gar nichts anfangen kann, oder andere Prioritäten hat oder überhaupt keine mehr... dann war das die falsche Maßnahme zur falschen Zeit. Diskutieren wir so, verändert sich schnell das ursprünglich ins Auge gefasste Ziel. Oft haben wir in dieser allerersten Phase eines Projektes Ziele komplett verändert oder auch erheblich modifiziert.

Haben wir uns eine gemeinsame Sicht der Dinge und Ziele erarbeitet, können wir einen *Projektvorschlag* machen. In einem ersten Entwurf diskutieren wir gemeinsam das Projektdesign und die Projektinstanzen. Davor steht eine erste Analyse der Voraussetzungen und Bedingungen – all das verdichtet sich im Laufe des Prozesses und liefert in aller Regel neue Erkenntnisse, die wiederum in den Prozess eingespeist werden.

Projektinstanzen und ihre Zusammensetzung II

All das wird getragen und geführt von den Projektinstanzen, vornehmlich von der Steuerungsgruppe, die den gesamten Prozess im Blick behält und steuert. Musterhaft kann das so aussehen:

Eine *Projektgruppe* hat die Aufgabe, die praktische Arbeit in dem Fundraisingprojekt zu machen. Deshalb finden sich dort die Menschen

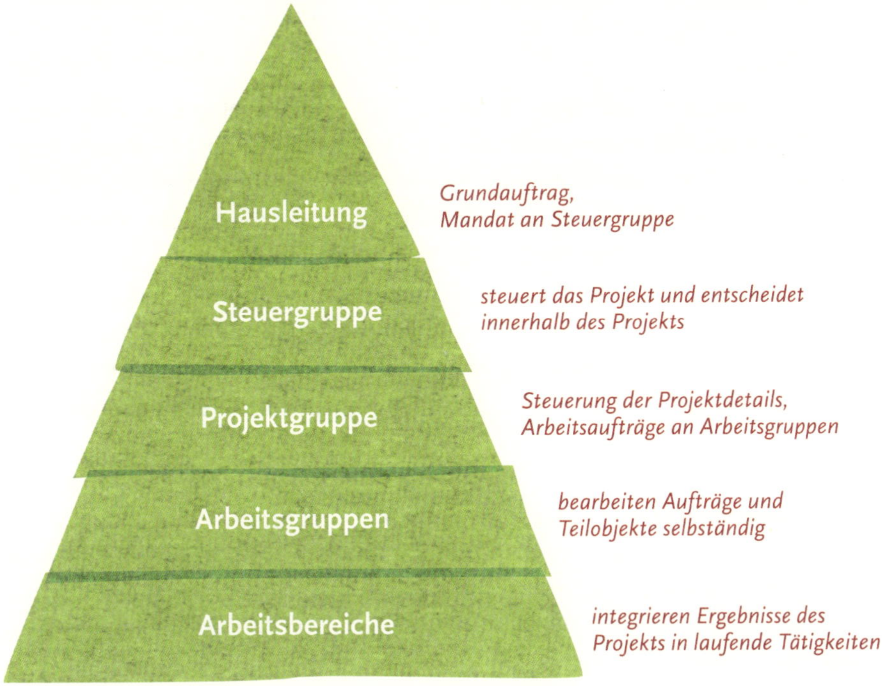

Projektaufbau

ein, die zum einen ein hohes eigenes Interesse an den geplanten Erträgen haben – zum Beispiel die KiTa-Leitung, die ihr Außengelände erneuern möchte – zum anderen Ehren- und Hauptamtliche, die grundsätzlich das Thema interessant finden, mit bewegen wollen und Lust und Talente haben, die sie einbringen möchten.

Aber nicht nur, denn diese Projektgruppe ist aus unserer Erfahrung nicht nur eine gute Plattform für ein zeitlich begrenztes Fundraisingaufbauprojekt, sondern zielt darüber hinaus. Es macht für jede Organisation Sinn, eine Fundraising-Projektgruppe auf Dauer einzurichten und in diesem Bewusstsein sollte sich auch die Projektgruppe konstituieren. Das heißt, darin sollte eine möglichst breitgefächerte Mischung aus Haupt- und Ehrenamtlichen vertreten sein, in jedem Fall sollten die maßgeblichen Gremien repräsentiert sein – z. B. durch ein oder mehrere Mitglieder des Kirchenvorstandes. Es gehören hinein Finanzverantwortliche, Vertreter der Verwaltung (die Gemeindesekretärin ...) und natürlich Leitungskräfte von Einrichtungen, sofern vorhanden. Manchmal ist eine solche Gruppe bereits vorhanden und nennt sich AG Fundraising, oder Fundraising-Ausschuss, und wird dann zunächst so, wie sie ist, in das Projekt platziert.

Innerhalb der verschiedenen Projektebenen (siehe Abbildung) sind Aufgaben und Rollen genau zu beschreiben und möglicherweise abzugrenzen. Vielfach haben wir in sozialen Organisationen, sowohl bei Haupt- als auch bei Ehrenamtlichen, Allzuständigkeiten. Das führt nicht nur zu Überforderung und Überlastung, sondern auch schlicht dazu, dass die wesentlichen Dinge gerne aus der Sicht geraten. Das wollen wir im Fundraisingprojekt anders einüben.

Die Dynamik von Veränderung

Allein aus diesen Beschreibungen wird recht deutlich, dass wir mit diesem Arbeitsansatz alltägliche Selbstverständlichkeiten auflösen. Mindestens aber tasten wir sie deutlich an, sowohl bei den

Rollen und Funktionen der Beteiligten als auch bei den Zielen und Methoden des Projektes. Deshalb richten wir den Focus während des gesamten Projektlaufs sehr stark auf die Beziehungen der Menschen, die beteiligt sind, und ihren je eigenen Umgang mit diesen Herausforderungen. Unsere Erkenntnis ist, dass hier die wesentlichen Faktoren für Erfolg oder Misserfolg liegen. Und dafür müssen wir gerüstet sein.

Die Prozessarchitektur

Das zentrale Element in einem Fundraisingprojekt ist die Prozessarchitektur. Dabei handelt es sich um einen differenzierten Tätigkeits- und Zeitplan, der sich aber von einem herkömmlichen Projektplan durch ein wesentliches Element unterscheidet. In dieser Planung sind Dynamiken und Unwägbarkeiten nicht nur Eventualfälle, sondern Bestandteil des Plans. Das Ungewöhnliche dabei ist, dass wir Vorgehensweisen und Zeitdimensionen dafür einplanen, aber nicht genau wissen, wann und wo etwas passiert. Wir wissen nur, dass bei einem solchen Projekt sicher etwas Unwägbares passieren wird.

Es braucht also:

- Zeiten für Einzelgespräche mit wesentlichen Personen (Coaching),
- Zeiten für Gruppenprozesse, die sich nicht mit *Sachen* befassen, sondern mit Dyna-

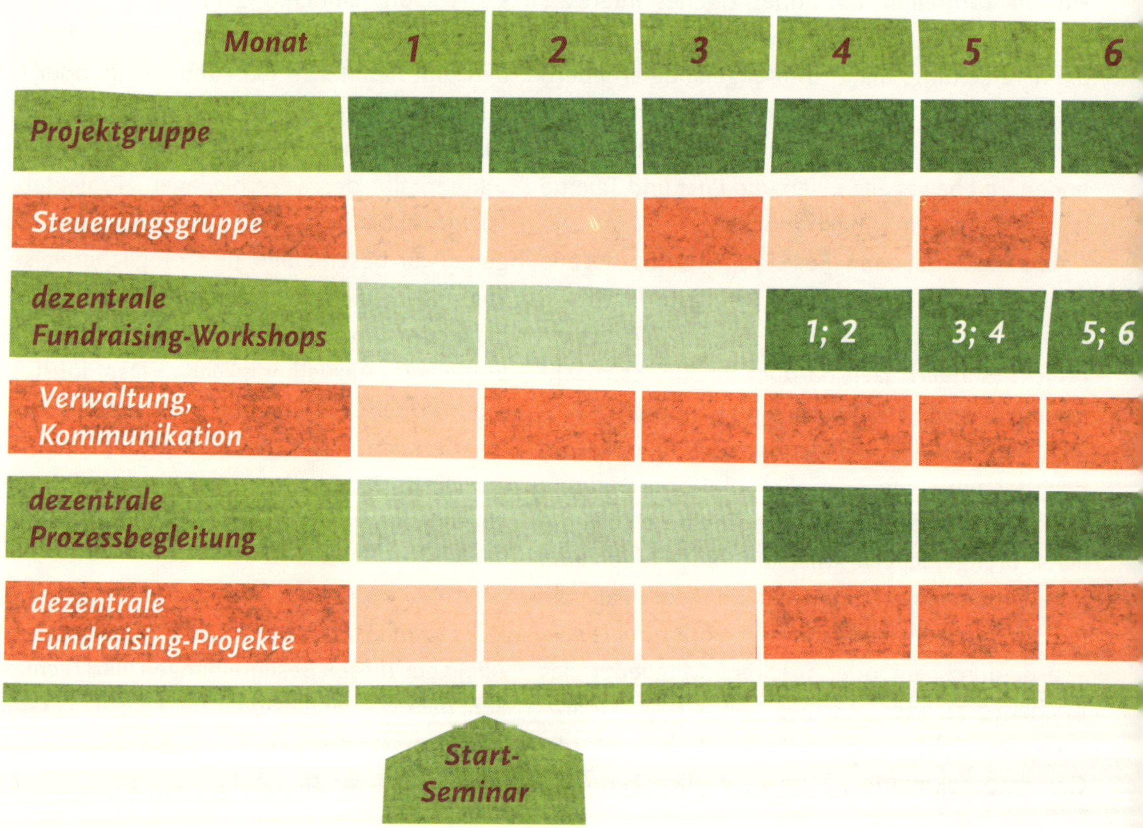

miken, wenn es irgendwo *klemmt*,

- Zeiten für die Instanzen, grundsätzliche Veränderungen zu diskutieren – weil neue Aspekte aufgetaucht sind und der Plan nicht sklavisch durchgepeitscht wird und
- Zeiten für Strategiebildung mit und für die Organisation, also nach innen und außen.

Hier ein Muster einer Prozessarchitektur für den Aufbau des Fundraisings in einem Kirchenkreis // Insgesamt dauert das Projekt etwa zwei Jahre, für eine Organisation dieser Größenordnung eine angemessene Laufzeit. Wir können auf der Grafik gut die Arbeitsebenen und ihre Tagungsrhythmen erkennen, die Projektgruppe trifft sich monatlich, die Steuerungsgruppe alle zwei Monate. Natürlich werden in der Zeit dazwischen Tätigkeiten ausgeführt oder Arbeitspakete abgearbeitet. Die Berater sind dabei auf verschiedenen Ebenen tätig, zum einen in der Steuerungs- und Projektgruppe als Beteiligte in der Prozesssteuerung, zum anderen in den einzelnen Gemeinden als Unterstützer und Aufbauhelfer für die einzelnen Fundraisingmaßnahmen.

Eines der wichtigen *Organisationsziele* dieses Projektes ist, das Zusammenspiel aller Beteiligten aufzubauen und abzustimmen, eben die Organisation für Fundraising bereit zu machen. Und das Besondere des Projektes liegt darin, dass wir annähernd gleichzeitig sowohl Organisationsaufbau als auch praktisches Fundraising betreiben und beides voneinander lernt und profitiert.

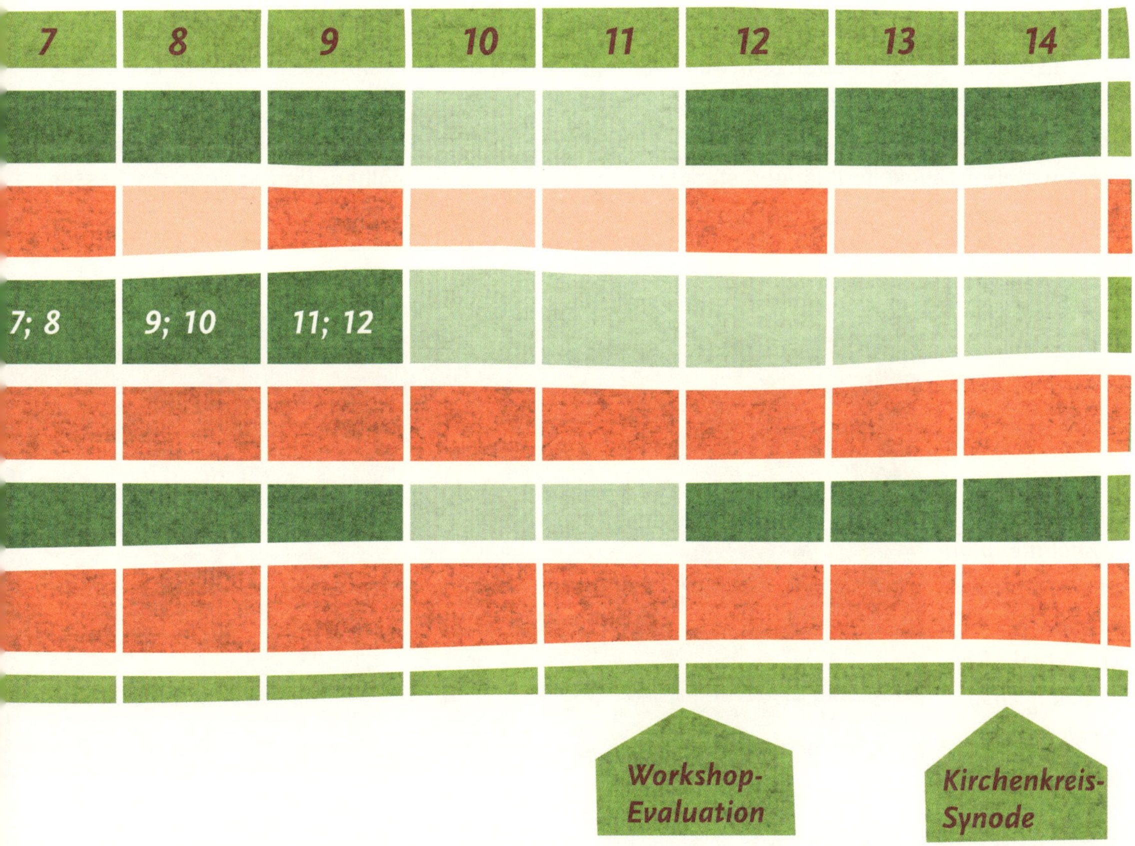

Deshalb sind wesentliche Elemente dieses Prozesses die *Workshops*, die sich mit kleinen Fundraisingmaßnahmen in einzelnen Gemeinden befassen. Hier ist die Absicht, Fundraising ganz praktisch und überschaubar anzustoßen, zu begleiten und gleichzeitig alle daraus lernen zu lassen.

Fundraising-Lernmaßnahmen

Diese *Lernmaßnahmen* haben ein festgelegtes Format. Nach einer Bestandsaufnahme der lokalen Voraussetzungen, Bedingungen und Möglichkeiten findet ein Orientierungsworkshop statt. In diesem Workshop, der einen halben Tag dauert, arbeitet das lokale Fundraisingteam (oder eine Gruppe von Interessierten, die eines werden wollen) eine konkrete Projektidee bis zur Umsetzungsreife aus. Am Ende eines solchen Workshops steht immer ein Fundraisingmaßnahmenplan, also genaue Verabredungen, wer was zu welchem Zeitpunkt macht und wann die Maßnahme abgeschlossen sein soll.

Die verabredeten Tätigkeiten hängen stark von den Vorbedingungen vor Ort ab. Manchmal müssen noch umfangreiche Recherchen durchgeführt werden, bevor erste konkrete Fundraisingaktionen ins Auge gefasst werden können, beispielsweise genaue Kostenplanungen, mögliche Zuschüsse, lokale Voraussetzungen usw. All das gehört zu der konkreten Maßnahmenplanung, die dann entsprechend grob oder fein strukturiert ist.

In Folge des Workshops arbeitet das jetzt in jedem Fall gebildete Fundraisingteam kontinuierlich weiter und wird dabei von den Beratern begleitet. Die Dimension dieser Begleitung ist auch eine Zeit- und Kostenfrage, aber letztlich entscheidend ist, dass die *Lernmaßnahme* auch lokal bewältigt werden kann und nicht an die begleitende Agentur *ausgelagert* wird.

Im Bistum Hildesheim übernimmt in der Regel das Fundraisingbüro diese Aufgabe, was auch heißt, dass die zeitlich begrenzte und die möglicherweise dauerhafte Begleitung des Fundraisings in diesem Zusammenhang ordentlich ausgehandelt werden kann. Denn unserer Erfahrung nach gibt es für jede ausführende Ebene Tätigkeiten im Fundraising, die sinnvollerweise dort gemacht werden sollten, und andere, die besser extern an einen Dienstleister ausgelagert werden.

In einem Fundraisingmaßnahmenplan werden die Aufgaben und Termine des Projekts festgehalten. **Hier:** *Nutzung einer Stiftung als Fundraisingplattform.*

Dafür ist das Fundraisingbüro da, und in dem beschriebenen Aufbauprozess können diese Tätigkeiten auch *gelernt* werden, das heißt, das Fundraisingbüro übernimmt insbesondere zu Anfang umfangreichere Fundraisingtätigkeiten, bis die Beteiligten selbst dazu in der Lage sind.

Wesentlich für eine potentielle Aufgabenteilung ist immer, dass alle direkten Beziehungen zu Spendern oder Unterstützern vor Ort angesiedelt sein müssen. Authentische Kontaktpersonen stellen sicher, dass die *Gegenleistung*, die ein Spender erwartet, nämlich persönliche Wahrnehmung, Wertschätzung, Nähe zur Organisation auch gegeben werden kann. Das kann und sollte nicht ausgelagert werden.

Das Ende ist der Anfang ///////////////////////

Am Ende des Fundraisingprojektes haben alle Beteiligten viel gelernt, auch was möglich ist und was nicht. Und beste Grundlagen sind dafür gelegt, dass die lokale und ganz individuelle Idee organisierten Fundraisings sich weiterentwickeln kann. Jetzt können die Beteiligten daran weiterarbeiten, Fundraising zu einer zusätzlichen, wichtigen Säule der Finanzierung ihrer Organisation zu machen – weil sie jetzt sehr genau erfahren haben, was das alles heißt und wie wir gemeinsam Nachhaltigkeit erzeugen können (vgl. Kapitel 1, Abschnitt: *Fundraising als Organisationsentwicklung)*.

Aller Anfang ist gut ////////////////////////////

In diesem Buch zeigen wir Ihnen eine ganze Reihe von beispielhaften Fundraising-Maßnahmen, die diesem komplexen Prozess, so wie wir ihn oben gezeigt haben, noch nicht gefolgt sind. Ganz einfach deshalb, weil es ihn so noch nicht als Angebot des Fundraisingbüro gab. Aber die Beteiligten haben sich getraut, sind mit unserer Unterstützung neue Wege gegangen und haben vor allem neue Formen der Kommunikation ausprobiert. Dies soll Sie ermutigen, sich auch, gerne mit uns, auf den Weg zu machen. Den Aufwand bestimmen sie letztlich selbst – aber sie sehen ja: Von nichts kommt nichts. Und anzufangen ist allemal besser als Nichtstun – auch mit Mut zur Unvollständigkeit.

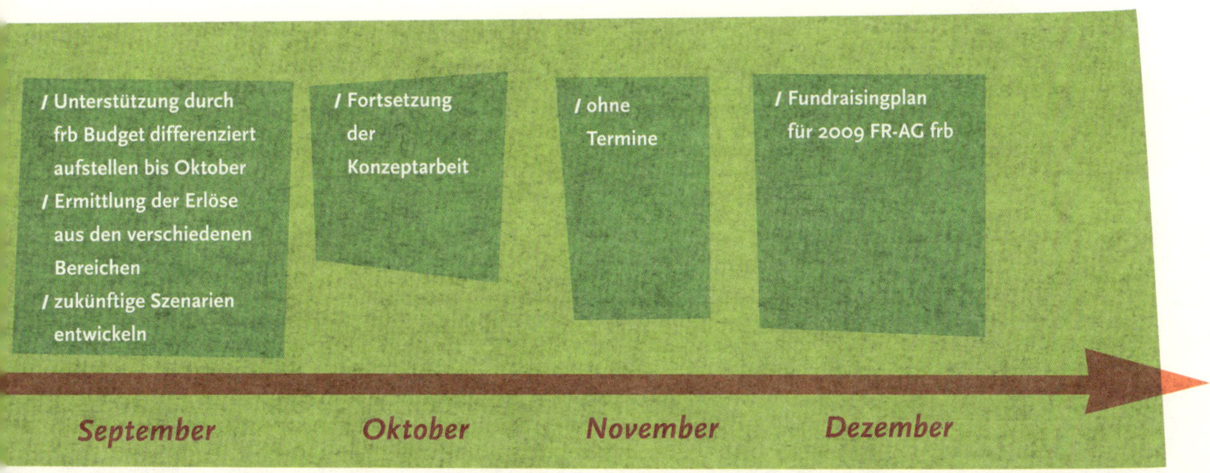

Fundraising muss sich für die Gemeinden und Einrichtungen lohnen!

Dr. Werner Schreer /// Generalvikar

Best Practice

Beispiele aus dem Bistum Hildesheim

Pfarrgemeinde St. Jakobus, Goslar

Alle für eine

Dechant Kuno Kohn ///

„Der Erfolg dieser Aktion sicherte die Stelle unserer Referentin. Das macht uns Mut, und zeigt uns, dass sich auch unter den momentan schwierigen Bedingungen noch etwas bewirken lässt. Ich danke dem Fundraisingbüro für die Entwicklung des Konzepts, die Begleitung während der Umsetzung und auch für die vielen engagierten Menschen, die ich im Rahmen dieser Aktion kennengelernt habe."

Idee

Der Ende 2004 mit den *Eckpunkten 2020* verhängte Einstellungsstopp für kirchliche Mitarbeiter traf viele Gemeinden hart. Der Gemeinde St. Jakobus war es z. B. aufgrund dieser Regelung unmöglich, eine neue Gemeindereferentin einzustellen, die gerade ihre zweijährige Berufseinführungsphase als Gemeindereferentin absolviert hatte. Sollte ihre vierjährigen Ausbildung und die gute Einarbeitung in die Belange der Gemeinde umsonst gewesen sein? Sowohl für die Gemeinde als auch für die junge Gemeindereferentin war dies eine schwere Nachricht.

Ähnliche Situationen gab es im Bistum zuhauf. Vor diesem Hintergrund gründete sich nach einer Besprechung im Priesterrat die Beschäftigungsinitiative Pastoral. Die Mitglieder dieser Eigeninitiative der Priester hatten sich verpflichtet, Monat für Monat zwischen 20 und 200 Euro in einen gemeinsamen Topf einzuzahlen. Die Mitgliederzahl der Initiative wuchs schnell auf knapp 100 Personen an, darunter auch Diakone und andere Gemeindeglieder. Zu den Unterstützern zählten dabei auch viele ältere Priester. Sie wussten aus ihrer aktiven Zeit noch gut um die Notwendigkeit, eine Gemeindereferentin an der Seite zu haben, und außerdem konnten sie so ihre Verbundenheit mit dem Bistum und ihre Solidarität mit den jüngeren Kollegen zum Ausdruck bringen. Schließlich kamen rund 60.000 Euro zusammen – genug für drei *40-Prozent-Stellen* für zwei Jahre.

Die restlichen 60 Prozent für eine volle Stelle waren von den antragstellenden Gemeinden als Eigenanteil aufzubringen. Die Gemeinde St. Jakobus beschloss, dies zu versuchen, und wandte sich mit der Bitte um fachliche Begleitung an das Fundraisingbüro, um die fehlenden 60 Prozent einzuwerben.

Umsetzung ///////////////

Zusammen mit dem Fundraisingbüro entwickelte das Team um Dechant Kohn dazu eine Reihe von Lösungsansätzen. Ziel war es, die vollen fehlenden 60 Prozent einzuwerben. Aber für den Fall des Scheiterns hatte man sich bereits auf einen Notfallplan geeinigt. Wären nur 70 Prozent der notwendigen Mittel zusammengekommen, hätte man eine *70-Prozent-Stelle* eingerichtet, wären 90 Prozent geschafft worden, dann eben eine *90-Prozent-Stelle*. Dechant Kohn wollte dieses Vorgehen dann vor der Beschäftigungsinitiative verteidigen.

Das Fundraising sollte zunächst gemeindeintern stattfinden. Die Situation wurde in einem Flyer dargestellt. In ihm wurde argumentiert, welche gute Arbeit die Stelleninhaberin bisher geleistet hat und welche Aufgaben mit ihrem Ausscheiden nicht mehr bewältigt werden könnten. Außerdem wurde die große Summe der 60 Prozent in ihm in *handliche* und damit weniger gewaltig wirkende Zeitsegmente zerlegt, für die dann einzelne Spender gesucht wurden. Mittels einer Rückantwortkarte zum Ankreuzen konnten die Spender Verantwortung für ein bestimmtes Zeitsegment, z. B. zwischen 9.00 und 10.00 Uhr vormittags für ein Vierteljahr, übernehmen.

Erfolg ///////////////

Die Mitglieder der Gemeinde wussten bereits um die gute Arbeit der Stelleninhaberin und so kamen schnell beträchtliche Summen zustande. Bereits bei der Präsentation der geplanten Fundraisingaktivitäten vor den ehrenamtlichen Helfern der Gemeinde wurden die ersten zehn der benötigten 60 Prozent gespendet. Gerade solche größeren Einzelspenden von bis zu 10.000 Euro wirkten für das Projekt wie eine Initialzündung.

Der Großteil der benötigten Summe kam aber durch Klein- und Kleinstspenden zusammen, die per Dauerauftrag auf das für die

Aktion eingerichtete Konto überwiesen wurden. Die Aktion machte von sich reden und auch die Presse zeigte Interesse und berichtete entsprechend. Schließlich spendeten auch Menschen, die gar nicht der Gemeinde angehörten, und sogar Nichtkatholiken und Kirchenferne. Bis zum Jahreswechsel 2004/2005 verbuchte die Initiative einen Spendeneingang von rund 45.000 Euro.

Perspektiven Der für alle Beteiligten überraschende Erfolg dieser Aktion machte Mut, nun auch an die langfristige Sicherung dieser Stelle zu denken. Zu diesem Zweck wurde ein Förderverein gegründet, dem viele der damaligen Spender heute angehören. Obwohl die Beschäftigungsinitiative Pastoral inzwischen nicht mehr existiert, konnte die Stelle der jungen Frau damit gesichert werden. Sie ist inzwischen komplett über diesen Verein angestellt, dessen Finanzlage sogar derart glücklich ist, dass er mittlerweile eine Aktivitätsausweitung vollziehen und weitere Aufgaben im sozial-caritativen Bereich und der Jugendarbeit übernehmen konnte.

Gehaltsspende

Bei einer Gehaltsspende erklären sich Personen freiwillig bereit, einen (selbst-)bestimmten Anteil ihres Gehalts abzugeben. Im oben beschriebenen Beispiel haben sich Priester des Bistums relativ spontan zu einer solchen Gruppe zusammengeschlossen.

Eine Gehaltsspende kann jedoch auch anders organisiert werden. Insbesondere in Großunternehmen kann man sich als spendensammelnde Organisation an den Betriebsrat oder den Vorstand einer Firma wenden, der dann an die Belegschaft herantritt und zu einer monatlichen Spende von z. B. 1,– Euro aufruft. Wenn die Belegschaft zustimmt, wird von der Lohnbuchhaltung des Unternehmens automatisch der vereinbarte Betrag vom monatlichen Nettogehalt jedes Mitarbeiters abgezogen.

Diese Art des Spendens ist insbesondere in Großbritannien und den USA weit verbreitet.

In Deutschland verbreitet sich diese Art der Gehaltsspende gerade in Form der Rest-Cent-Spende. Dabei wird das Gehalt auf volle Euro abgerundet und die restlichen Cent gespendet.

Besonders attraktiv sind Gehaltsspenden, bei denen auch der Arbeitgeber vom Mitmachen überzeugt wird. Dieser könnte z. B. anbieten, die gesammelte Summe der Mitarbeiter noch einmal durch eine entsprechende Großspende aufzustocken. Die Arbeitnehmer spüren so die Ernsthaftigkeit des Anliegens und sind eher bereit mitzumachen. Oftmals erhöht sich dadurch auch die Mitarbeiterbindung an das Unternehmen – nach dem Motto: Alle ziehen an einem Strang.

Das obige Beispiel kann als eine solche Aktion interpretiert werden. Die ihr Gehalt spendenden Priester nehmen dabei die Rolle der Arbeitnehmer ein, die profitierenden Gemeinden die des aufstockenden Unternehmens.

Zielgruppen:

- Arbeitnehmer
- alle Menschen, die ein Gehalt beziehen

Spendenmotiv:

- Gemeinschaftsgefühl mit den Kollegen (und evtl. dem Unternehmen)
- Die üblicherweise kleinen Spendenbeträge tun nicht weh, und man hat trotzdem das Gefühl, etwas Gutes zu tun.

Aufwand:

- Hat man die Zielgruppe einmal für das Projekt gewonnen, ist der Aufwand sehr gering.
- Man kommuniziert üblicherweise nur mit Multiplikatoren innerhalb der Zielgruppe.

Nutzen:

- Erschließung von Geldmitteln

Zu beachten:

- Zumindest die Multiplikatoren brauchen eine gewisse Bindung zum Spendenzweck.
- Gehaltsspenden eignen sich nicht zur Gewinnung von Adressdaten.

Bistum Hildesheim

Eine Kerze für den Bischof

Dr. Ralf Tappe ||| Fundraisingbüro |||||||||||||||

„Im Fundraisingmix einer Nonprofitorganisation wie dem Bistum Hildesheim ist die Anlassspende nicht mehr wegzudenken. Sicherlich ist der Bischofsgeburtstag ein herausragender Anlass – was den logistischen Aufwand angeht, aber auch hinsichtlich der überwältigenden Spendenbereitschaft. Für jeden von uns ist das Jahr reich an ähnlich freudigen Anlässen, die im privaten oder geschäftlichen Bereich in einem weit weniger großen Rahmen begangen werden."

Idee ||||||||||||||

Am 21. August 2004 feierte Bischof Dr. Josef Homeyer drei Wochen nach dem eigentlichen Festtag seinen 75. Geburtstag zusammen mit einem Bistumstag. Dies war auch gleichzeitig ein Abschiedsfest. Einen Tag vorher war bekannt geworden, dass Papst Johannes Paul II. das Rücktrittsgesuch des Hildesheimer Oberhirten angenommen hatte.

Das Fundraisingbüro hatte eine besondere Idee für ein Geburtstagsgeschenk. Dem Bischof sollte eine mit 75 Kerzen geschmückte Geburtstagstorte überreicht werden. Der Clou daran: Jede Kerze symbolisierte 250 Euro für den guten Zweck. Alle Pfarrgemeinden, Gruppierungen etc. im Bistum wurden eingeladen, mit einer oder mehr Kerzen im Wert von je 250 Euro die Geburtstagstorte für den Bischof zu schmücken.

Durchführung ||||||||||||||

Den genannten Adressaten ging eine gestaltete Teilnahmeerklärung zu. Die Vorderseite wies das Kerzenmotiv im Bild auf und entfaltete kurz und prägnant die Idee. Die Rückseite war an den Diözesanrat adressiert und forderte zum Eintrag aller relevanten Kontaktdaten auf. Vermerkt waren auch verschiedene Wunschoptionen bezüglich der Übergabe der Torte,

Die öffentliche Präsentation freut den Beschenkten ebenso wie die Spender.

beispielsweise, ob der Kerzenspender im Rahmen des Festaktes namentlich genannt werden möchte. Sobald die verbindliche Teilnahmeerklärung beim Diözesanrat eingegangen war, wurde durch das Fundraisingbüro Kontakt mit dem Spender aufgenommen und dieser über die Gestaltung der Torte sowie insgesamt über den Verlauf der Feier informiert. Außerdem wurde bei Bedarf dabei noch einmal an den Stichtag für den Spendeneingang auf dem Sonderkonto bei der Bank für Sozialwirtschaft erinnert.

Wenige Tage vor dem 21. August, dem Datum des Festaktes, ging ein personalisierter Serienbrief an alle Kerzenspender (Pfarrgemeinden, Einrichtungen, Verbände, Unternehmen, Einzelpersonen) und berichtete über den überwältigenden Erfolg der Aktion, denn weit über 75 Kerzen fanden ihren Spender. Der Diözesanrat sprach seinen herzlichen Dank aus und bot die Möglichkeit an, dass stellvertretend für jede Institution eine Person benannt werden kann, die am Festtag auf die Bühne kommt und während des Entzündens der Geburtstagskerzen den Namen eines bzw. mehrerer Spender vorträgt.

Die Kirchenzeitung vom 29. August widmete dem Bischofsgeburtstag einen Großteil der Ausgabe. Die Geburtstagstorte und die Spendensumme wurden erwähnt und das Engagement aller Spender ausdrücklich gewürdigt. Die Hildesheimer Zeitung berichtete ebenfalls und natürlich war alles rund um das Event, gerade auch was die Kerzenaktion anging, auch auf einer speziell für den Anlass geschalteten Website nachzulesen.

Der Bischof wandte sich mit einem persönlichen Dank an jeden Spender, ebenso der Diözesanrat der Katholiken im Bistum Hildesheim. Anschließend wurden alle Spender zeitnah und detailliert über die Verwendung der Spenden informiert.

Erfolg

Die Überraschungstorte wurde im Rahmen des Geburtstagsfestes auf dem Domhof in Hildesheim überreicht. Auf der dreistöckigen Torte mit mehr als einem Meter Durchmesser fanden sich auch noch fast doppelt so viele wie die geplanten 75 Kerzen. Der Spendenerlös lag damit bei etwas mehr als 33.000 Euro. Das Geld ging an die Stiftung *Gemeinsam für das Leben* und den Bernward-Hilfsfonds. Beide liegen dem Bischof sehr am Herzen.

Perspektiven

Ein solches Event wie der 75. Geburtstag eines Bischofs steht natürlich nicht immer ins Haus. Der große Erfolg dieser Aktion in Verbindung mit dem umfassenden Feedback aus den unterschiedlichsten Bereichen hat uns ermutigt, die Aktion *Spenden schenken* ins Leben zu rufen.

Das Fundraisingbüro bietet dazu organisatorische Unterstützung an, die von der einfachen Ausfertigung von Zahlscheinen, der Bereitstellung einer Spendenbox und dem Dank an die Spender bis hin zur Herstellung von Einlegekarten für die Einladung seitens der Jubilare sowie einer Beratung bei der Suche nach einem passenden Projekt reicht. *www.spenden-schenken.de.*

Anlassspenden

Der 75. Geburtstag des Bischofs war ein besonders geeigneter Anlass zum Spendensammeln. Aber auch viele andere Personen des öffentlichen Lebens (z. B. Politiker) betätigen sich zu entsprechenden Anlässen gern als Spendensammler. Diese anzusprechen und für das eigene Projekt zu gewinnen, ist deshalb meist schon die *halbe Miete*. Doch es bedarf natürlich nicht immer eines Prominenten. Zum Spenden geeignete Anlässe, wie z. B. Geburtstage oder andere Jubiläen, finden sich auch unter den Normalsterblichen zur Genüge. Insbesondere Menschen, die schon *alles haben* oder sich bereits langjährig im kirchlichen Umfeld engagieren, kommen hier als Ansprechpartner in Betracht.

Der Aufwand bei Anlassspenden hält sich erfahrungsgemäß im Rahmen. Wichtig ist hier vor allem die Person des Anlassgebers. Ihn oder sie entsprechend zu unterstützen und *auf seine* Wünsche und Vorstellungen entsprechend einzugehen, ist deshalb das oberste Gebot.

Mit Anlassspenden erschließt man sich nicht nur Geldmittel. Mindestens genauso wichtig ist die Multiplikatorfunktion des Jubilars. Über den Umweg der persönlichen Reputation des Anlassgebers erschließt man sich so mit etwas Glück und Geschick auch zukünftige potentielle Spender.

Allerdings sollte man sehr stark darauf achten, diese neu gewonnenen Spender nicht überzustrapazieren. Damit schadet man nicht nur sich selbst, sondern auch der Reputation des Jubilars. Aus Gründen der Pietät ist dies auch bei dem sensiblen Thema Kondolenzspenden zu beachten.

Zielgruppen:

- Personen des öffentlichen Lebens
- gut situierte Menschen ab 40 Jahren aufwärts (z. B. zu Geburtstagen oder Jubiläen)

Spendenmotiv:

- Affinität zum Projekt (evtl. in Zusammenhang mit einer Schärfung des persönlichen Profils)

Aufwand:

- In der Regel sind Sie bei Anlassspenden nur unterstützend tätig.
- Die Person des Anlassgebers steht im Mittelpunkt.
- konkreter Aufwand somit vom Einzelfall abhängig

Nutzen:

- Erschließung von Geldmitteln
- Erschließung von Adressen potentieller Spender

Zu beachten:

- neu gewonnene Adressen nicht überstrapazieren, um die Reputation des Anlassgebers nicht zu beschädigen
- hohe Sensibilität beim Umgang mit aus Kondolenzspendenaktionen gewonnenen Adressen
- Allen Spendern ist zumindest schriftlich zu danken.

Verein für Jugend- und Arbeitslosenhilfe in der Seelsorgeeinheit Hannover-Ost e.V.

Wer wagt gewinnt

Erika Bartels

„Auch wenn am Anfang nicht alles geklappt hat: Sich davon nicht einschüchtern lassen und mehrere Strategien gleichzeitig zu verfolgen, das war für uns der Schlüssel zum Erfolg.

Idee

Der Verein für Jugend- und Arbeitslosenhilfe e. V. ist in Hannover seit geraumer Zeit unter anderem in der Schulsozialarbeit und Schülerbetreuung engagiert. Im Sommer 2002 wurde der Initiative ein ehemaliges Vereinsheim günstig angeboten. Die Beteiligten entschieden sich in diesen Räumen einen Schülertreff einzurichten, in dem sozial benachteiligte Kinder aus dem Stadtteil Misburg nachmittags eine pädagogische Betreuung, zum Teil ein Mittagessen und Hausaufgabenhilfe bekommen können. Der Treff wurde für Kinder zwischen zehn und 14 Jahren konzipiert, die Altersgruppe, die zu alt für den Hort, aber noch zu jung für die klassischen Jugendeinrichtungen ist. Ziel der Einrichtung ist es auch, einige Kinder in diesem sensiblen Alter, deren Eltern sich wenig kümmern, vor dem sozialen Abdriften bewahren.

Ein solcher Schülertreff erfordert aber nicht nur ein durchdachtes pädagogisches Konzept, sondern erst einmal ein komplexes, langfristig funktionierendes Finanzierungsmodell.

Es ging um Personalkosten, Betriebs- und Sachkosten im Umfang von mehreren 10.000 Euro jährlich. Für eine Realisierung der Idee mussten deshalb öffentliche und private Mittel auf allen Ebenen freigesetzt werden.

Durchführung

Die Beteiligten stimmten darin überein, dass die benötigten Summen nicht aus einer Hand zu bekommen waren. Deshalb wurde von Anfang an nicht nur auf einen Förderer gesetzt. Für die Anschubfinanzierung wurde eine ganze Reihe institutioneller Geldgeber angesprochen. Der größte Erfolg dabei war die Förderzusage der Aktion Mensch, die dem Verein für drei Jahre rund 150.000 Euro zukommen ließ. Aber auch die Hausbank, der Caritasverband Hannover, die Niedersächsische Lottostiftung, die Klosterkammer, die Bürgerstiftung und die Stadt Hannover förderten das Projekt.

In zwei Mailings bat die Initiative bei Vereinsmitgliedern sowie ausgewählten Privatpersonen und Firmen um Zuwendungen, wodurch die Spendeneinnahmen von etwa 4.000 Euro in 2001 auf 5.500 in 2003 erhöht werden konnten. Insbesondere das finanzielle Engagement der Vereinsmitglieder verstärkte sich enorm und es gab einige größere Spenden. Die Reaktion von ortsansässigen Firmen und Unternehmen fiel hingegen geringer als erwartet aus.

Die Beteiligten bemühten sich besonders um eine qualifizierte und nachhaltige Öffentlichkeitsarbeit. Durch Presseberichte und Radiointerviews trat das Projekt in der Region immer wieder öffentlich in Erscheinung.

Besonders die kontinuierliche Präsenz des Projektes im Stadtteil war wichtig, waren doch zunächst hier die Menschen von der Unterstützungswürdigkeit des Projekts zu überzeugen. Die Teilnahme am Stadtteilfest, am Sommerfest und die Eröffnungsfeier für den Schülertreff selbst boten hervorragende Möglichkeiten, die Ar-

Ob feierliche Einweihung oder Stadtteilfest, jeder Anlass ist geeignet das Projekt vorzustellen.

beit des Vereins vor Ort vorzustellen. Listen wurden ausgelegt, in denen sich Interessierte für weitere Informationen eintragen konnten. So kam man an Adressen potenzieller Freunde und Förderer.

Natürlich waren auch die Kirchengemeinden eingebunden. Beispielsweise wurde nach der Messe zu einem Beisammensein bei Kaffee und Kuchen eingeladen und die Arbeit des Vereins vorgestellt. Zuwendungen aus Kollekten, Spenden anlässlich von Tauf- und Hochzeitsfeiern sowie Einzelspenden von Gemeindemitgliedern waren die Folge.

Erfolg In 2003 wurden über 5.500 Euro an Spenden gesammelt, 830 Euro durch Benefizkonzerte erzielt und über einen Sachspendenaufruf und einer entsprechender Pressemeldung Ausstattungsgegenstände für den Schülertreff im Gesamtwert von 1.335 Euro eingenommen. Entscheidend dafür, dass das Projekt überhaupt an den Start gehen konnte, waren neben den von der Aktion Mensch eingeworbenen Fördergeldern weitere rund 43.000 Euro, die als Anschubmittel von unterschiedlichen Stiftungen zugesagt wurden.

Perspektiven Mit den gewonnenen Fundraising-Erfahrungen und angebahnten Kooperationen war eine gute Basis geschaffen, auf der aufgebaut wurde. Das Projekt ist mittlerweile bekannt, hat beste Referenzen und weist eine nachhaltige Öffentlichkeitsarbeit vor.

Stiftungsfundraising

In Deutschland gibt es eine nahezu unüberschaubare Zahl an fördernden Stiftungen mit den unterschiedlichsten Stiftungszwecken. Die Recherche der für ein Projekt möglichst passgenauen Stiftung ist das A und O. Parallel ist ein fundiertes Konzept zu erarbeiten, einschließlich eines Finanzierungsplanes. Stiftungen machen ihr Engagement u. a. von der belegten langfristigen Sicherstellung der Finanzierung eines Projekts abhängig. Letztlich ist jede Stiftung anders. Das bezieht sich auf Rechtsformen, Stiftungszwecke, interne Organisation, Förderrichtlinien, Antragsgestaltung und -abwicklung. Für Stiftungsfundraising bedeutet, dass es den Weg zu Stiftungen bzw. Stiftungsmittel nicht gibt. Auf der Suche nach Fördermitteln ist Flexibilität gefragt, sich auf die Eigenarten der einzelnen Stiftungen einzustellen.

Der Bestand des Projektes ist im Kern gesichert. Der Aufbau und kontinuierliche Ausbau eines Unterstützer- und Freundeskreises trägt dazu bei. Konkret heißt das: gute Betreuung vorhandener Unterstützer, permanente Werbung und Nutzen jeder Gelegenheit, um neue Spender zu gewinnen. Aktionen wie Benefizkonzerte, Feste und Basare gehören nach wie vor dazu. Solche Veranstaltungen sind nicht allein Einnahmequelle, sondern vor allem eine Chance zur Selbstdarstellung und eine Gelegenheit, mit alten und zukünftigen Freunden und Förderern in persönlichen Kontakt zu treten.

besonders geeignet:

- Wer Stiftungen als Unterstützer ansprechen will, sollte sich im ersten Schritt die Frage stellen: Handelt es sich bei uns um ein Projekt, für das die Finanzierung durch Stiftungen überhaupt denkbar ist oder kommen ggf. (nur) Teilbereiche für die Stiftungsförderung in Frage?
- Viele Stiftungen sehen sich dem Ziel verpflichtet, innovative Vorhaben und Projekte mit Vorbildcharakter zu fördern. Sie engagieren sich gerade oftmals nur dann, auch angesichts der Fülle der Antragsteller, wenn es sich um Modellprojekte handelt.

Nutzen:

- zeitlich befristete Finanzierung von klar umrissenen Aufgabenbereichen bzw. Anschaffungen (Anschubfinanzierung)
- die im Rahmen der Antragstellung erforderliche Auseinandersetzung mit den Inhalten, den Zielen und der Finanzierung eines Projektes bringt Klarheit in die Aufstellung des Vorhabens und hilft bei der Auswahl und dem Einsatz weiterer Fundraising-Instrumente.

Aufwand:

- genügend Zeit für die Identifikation bzw. Recherche einer geeigneten Stiftung
- Grundinformationen einholen (Zweck, aktuelle Aktivitäten, Ansprechpartner) Informationen über Print- und elektronische Medien ergänzen um Kontakt zu Projekten zu erhalten, die von der betreffenden Stiftung gefördert wurden oder derzeit werden

zu beachten:

- Was kann das Projekt Stiftungen bieten: Neuerungen; innovatives Vorhaben; Modellcharakter; herausragende Eigeninitiative; Behebung besonderer Notlagen?
- Geht es nachweislich um Anschubfinanzierung und ist das Projekt im Anschluss langfristig (finanziell) lebensfähig?

Tipp

Neben der Recherche im Internet bzw. in Handbüchern kann eine telefonische Voranfrage oft Klarheit über viele Fragen der Bewerbung um Stiftungsmittel geben und klären, ob die Stiftung überhaupt in Frage kommt: Besteht grundsätzliche Fördermöglichkeit; Förderobergrenzen; augenblickliche Antragslage; Schwerpunkte; Antragsmodalitäten; Antragsformen; Einreichungs- und Entscheidungstermine.

Gesamtverband der katholischen Kirchengemeinden in Hildesheim

Ein Brief von der Kirche

Reimund Wolf ||| **Fundraisingbüro** ||||||||||||||||||

„Auch erfolgreich eingeführte regelmäßige Fundraisingmaßnahmen, wie das Ortskirchgeld in Hildesheim , sollten im Laufe der Jahre immer wieder auf Optimierungsmöglichkeiten untersucht werden."

Idee

Seit vielen Jahren erbittet der Gesamtverband der katholischen Kirchengemeinden in Hildesheim von den Gläubigen ein *Kirchgeld als Spende*. Dazu wurden Jahr für Jahr rund 12.000 Standard-Spendenbriefe vom Gesamtverband der katholischen Kirchen in Hildesheim verschickt. Der Aufforderung zur Spende des Kirchengeldes folgten damals im Schnitt rund 2.700 Katholiken. Die katholischen Kirchen in Hildesheim nahmen damit insgesamt zwischen 40.000 und 43.000 Euro pro Jahr ein. 2002 wandte sich der Gesamtverband der katholischen Kirchengemeinden in Hildesheim an das Fundraisingbüro und bat um Unterstützung bei der Überarbeitung der Spendenbriefe mit dem Ziel einer größeren Effizienz.

Durchführung

Das Fundraisingbüro entwickelte daraufhin ein Konzept und überarbeitete den bisherigen Spendenbrief. Dabei wurde den Adressaten unter anderem ehrlich und ungeschönt erläutert, warum zusätzlich zur Kirchensteuer noch ein Kirchgeld erhoben wird.

Um die damit geschaffene Transparenz und Glaubwürdigkeit weiter zu erhöhen wurde auf der Rückseite des Briefes ein Rechenschaftsbericht abgedruckt. Aus diesem ging hervor, wofür die Mittel aus dem vorherigen Jahr verwendet wurden. Das Kirchgeld sollte in Zukunft nicht mehr nur abstrakt für *Die Kirche* gesammelt, sondern mit einem konkreten Thema verknüpft werden. Dies waren z. B. Projekte in der Kinder- und Jugendarbeit und der Obdachlosenhilfe. Eine weitere Neuerung war die dem Spendenbrief beigefügte Tabelle zur Selbsteinschätzung des zu zahlenden Ortskirchgeldes. Die Spendenaufforderung richtete sich nicht nur an die Bezieher großer Einkommen. Vor allem Menschen mit kleinen Einkommen sollten damit ermutigt werden, auch einen entsprechenden kleinen Betrag zu spenden, der ihnen ansonsten als Spende zu unbedeutend erschienen wäre.

Die wichtigste strategische Neuerung war jedoch die Personalisierung des Briefes und des Überweisungsträgers. Neben der persönlichen Anrede wurden der jeweilige Ortspfarrer und die entsprechende Pfarrgemeinde namentlich im Text erwähnt. Dies schaffte eine emotionale Nähe und verstärkte somit eine positive Bindung des potenziellen Spenders. Hinzu kam das neue, von einem professionellen Grafiker überarbeitete Erscheinungsbild des Spendenbriefes.

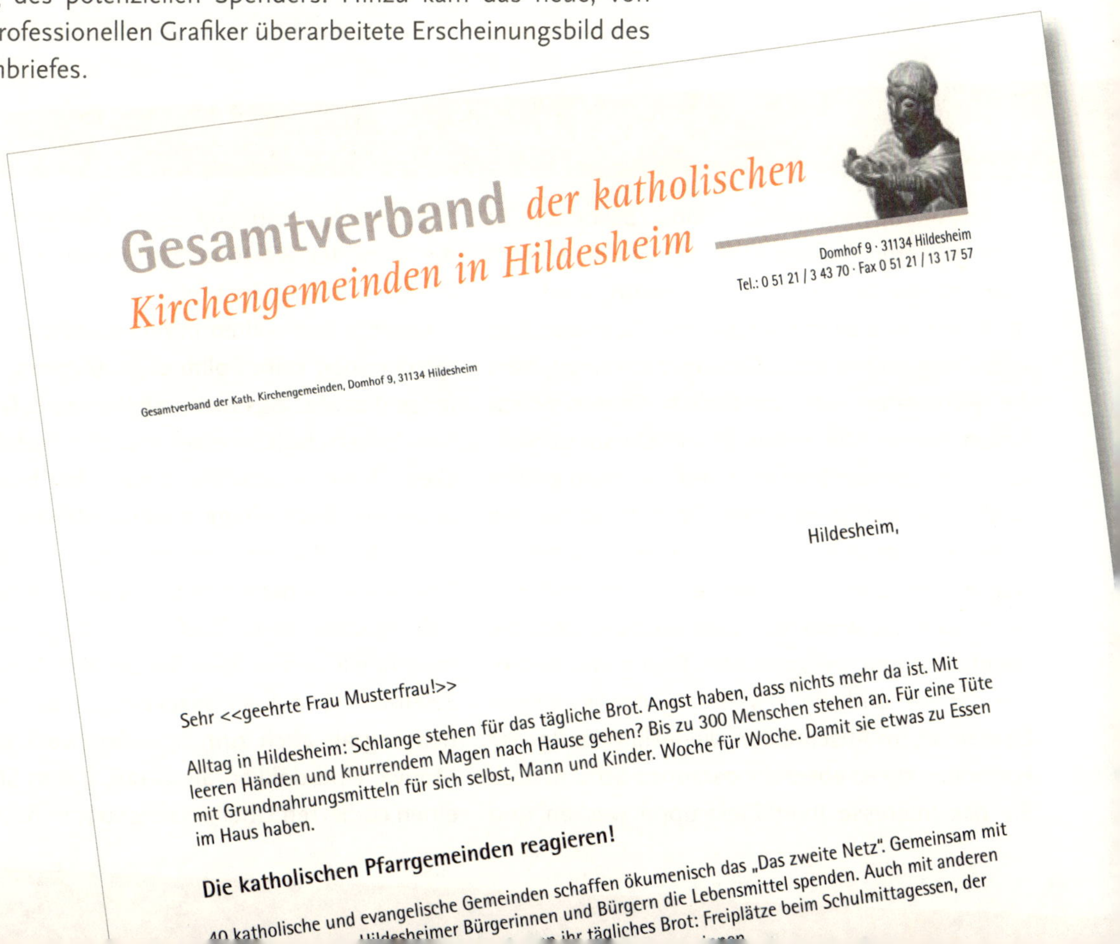

Gesamtverband der katholischen Kirchengemeinden in Hildesheim

Domhof 9 · 31134 Hildesheim
Tel.: 0 51 21 / 3 43 70 · Fax 0 51 21 / 13 17 57

Gesamtverband der Kath. Kirchengemeinden, Domhof 9, 31134 Hildesheim

Hildesheim,

Sehr <<geehrte Frau Musterfrau!>>

Alltag in Hildesheim: Schlange stehen für das tägliche Brot. Angst haben, dass nichts mehr da ist. Mit leeren Händen und knurrendem Magen nach Hause gehen? Bis zu 300 Menschen stehen an. Für eine Tüte mit Grundnahrungsmitteln für sich selbst, Mann und Kinder. Woche für Woche. Damit sie etwas zu Essen im Haus haben.

Die katholischen Pfarrgemeinden reagieren!

40 katholische und evangelische Gemeinden schaffen ökumenisch das „Das zweite Netz". Gemeinsam mit ... Hildesheimer Bürgerinnen und Bürgern die Lebensmittel spenden. Auch mit anderen ... ihr tägliches Brot: Freiplätze beim Schulmittagessen, der

Auch an mögliche Beschwerden wurde gedacht und eine Ansprechperson mit Zeiten der Erreichbarkeit und den Kontaktdaten in das Schreiben eingefügt.

Die Nachbereitung der Mailingaktion wurde ebenfalls vor Beginn der Aktion geplant. Für Spenden ab 50 Euro gab es eine Zuwendungsbescheinigung und einen schriftlichen Dank. Für Spenden ab 100 Euro dankte der Pfarrer persönlich.

Erfolg

Der Erfolg dieser Maßnahmen war die deutliche Erhöhung der Erlöse von rund 40.000 Euro auf knapp 63.000 Euro pro Jahr[1].

Es gab auch einige Beschwerden. Hier zeigt sich, dass es gut war, eine entsprechende Anlaufstelle zu schaffen. Gründe für Beschwerden waren u.a., dass der Angeschriebene bereits verstorben war oder keine weiteren Zusendungen vom Empfänger gewünscht wurden. Durch die Beschwerdestelle konnten sämtliche Anliegen entgegengenommen werden und zeitnah in die Spenderdatei eingepflegt werden. Damit stand diese bereinigten Daten für den nächsten Kirchgeldbrief zur Verfügung.

[1] *Zur Einnahmenerhöhung hat auch die leichte Anhebung der Kirchgeldsätze beigetragen.*

Mailing

Mailings – Spendenbriefe – sind, besonders in einer größeren Auflage sehr lohnend, aber auch sehr arbeitsintensiv. Bei Formulierung und Versand eines Briefes mit der Bitte um Spenden sind viele Dinge zu beachten. Da wäre zum einen, dass die Adressaten sich persönlich angesprochen fühlen sollen. Die Praxis zeigt: Umso persönlicher ein Spendenbrief gestaltet ist, desto größer ist die Spendenbereitschaft. Deshalb sollten die Adressaten grundsätzlich mit ihrem korrekten Namen angesprochen werden. Zum anderen ist es sinnvoll, wenn sich bestimmte Daten, die ebenfalls einen persönlichen Bezug herstellen, wie die namentliche Erwähnung der jeweiligen Gemeinde, im Anschreiben wiederfinden. Bei der Formulierung ist ebenfalls darauf zu achten, dass Sie das Interesse Ihrer Zielgruppe wecken und das Sprachniveau anpassen. Gleichzeitig sollte die Wahl der Worte auch zur unterzeichnenden Person und Ihrer Institution passen.

Anschreiben sollten immer handschriftlich unterschrieben sein. Sollte dies aufgrund des Umfangs des Mailings nicht möglich sein, lassen Sie Ihre Unterschrift in einer anderen Farbe eindrucken. Wenn Sie darüber hinaus bei besonderen Spendern noch einige handschriftliche Sätze zu ihrem Standardtext hinzufügen, wird dies vom Empfänger sicherlich positiv aufgenommen.

Frankieren Sie die Briefe nach Möglichkeit nicht maschinell und achten Sie bei der Auswahl der Briefmarken auf aussagekräftige, zu Ihrer Einrichtung als auch zum Spendenzweck passende Motive. Und denken Sie daran, Ihrem Schreiben einen codierten Überweisungsträger beizulegen.

Perspektiven //////////////

Drei Jahre lang hat der Gesamtverband Hildesheim in Zusammenarbeit mit dem Fundraisingbüro den Kirchgeldbrief entwickelt und neu aufgestellt. Seit dem Jahr 2007 erarbeiten die Mitarbeiter des Gesamtverbandes den Kirchgeldbrief selbst. Der angestrebte Wissenstransfer kann somit als vollzogen betrachtet werden.

Die Erfahrung zeigt, dass der Mehraufwand für die Professionalisierung des Mailings durch eine deutliche Steigerung der Einnahmen mehr als wett gemacht wurde. Das *Kirchgeld als Spende* ist inzwischen zu einer fest kalkulierbaren Einnahme geworden und trägt entscheidend zur Entlastung der Gemeindehaushalte bei.

Zielgruppen:

- Personen aus einer gut gepflegten Adressdatei
- evtl. eine dem Anlass entsprechende Adressauswahl

Spendenmotiv:

- sozial-karitatives Engagement
- christliche Grundeinstellung
- gesellschaftliche Verantwortung
- keine Zeit für Engagement in der Gemeinde
- Wunsch und Wille der eigenen Gemeinde eine Zukunft zu geben
- Dankbarkeit

Aufwand:

- Recherche der Themen
- Kommunikation mit den Projektbeteiligten
- Bereinigung der Adressdatei
- weitere Personalisierung im Text führt zu zunehmendem Aufwand

Nutzen:

- Erschließung von Geldmitteln
- Verankerung der eigenen Organisation im Bewusstsein der potenziellen Spender

zu beachten:

- Spendenbriefe immer so persönlich wie möglich gestalten
- Dublettenabgleich; Personen nur einmal anschreiben, auch wenn sie in unterschiedlichen Funktionen unter verschiedenen Adressen erreichbar sind (z. B. als Privatperson und als Firmeninhaber)
- darauf vorbereitet sein von potenziellen Spendern nach Erhalt des Mailings persönlich angesprochen und/oder kritisiert zu werden
- Die Kosten von personalisierten Mailings sollten in jedem Fall dem kalkulierten Nutzen entsprechen.
- bereits mit Empfänger, Spendenzweck und Name des Spenders vorbereitete Überweisungsträger beilegen
- Dankstrategie entwickeln (Dankbrief oder persönlicher Dank von ausgewählter Person)

Kinder- und Jugendhilfe St. Ansgar, Hildesheim

Kulinarisch nach Andalusien

Wolfgang Almstedt ||| **Leiter** ||||||||||||||||||||||

„Wenn der Spendenzweck stimmt, kommt es weder auf die Raffinesse des Menüs noch auf Prominente an. Entscheidend ist, die richtigen Leute am Tisch zu haben".

Idee ||||||||||||||||

Der Verein *Hogar Europeo de Encuentro* (H.E.E., spanisch, übersetzt: Europäisches Haus der Begegnung) e.V. sorgt dafür, dass benachteiligte Jugendliche auf dem Pilgerweg nach Santiago in Kastilien neue Perspektiven finden. Der Bischof der Diözese Astorga hat dazu dem Verein für dieses Projekt das Grundstück des ehemaligen Pfarrhauses im Dorf Foncebadon zur Verfügung gestellt. Einer der Kooperationspartner dieses Projektes ist auch die Kinder- und Jugendhilfe St. Ansgar in Hildesheim.

Doch mit dem Grundstück allein ist es natürlich nicht getan. Der Bau des Begegnungshauses erfordert neben der tätigen Mithilfe vieler Jugendlicher die Förderung durch EU-Mittel und auch viele private Spenden. Über genau dieses Thema wird bei einem Besuch der deutschen Partner vor Ort geredet. Den ganzen Tag werden dazu Ideen gesammelt und diskutiert. Abends treffen sich die Beteiligten noch zum Essen in einem kleinen Restaurant. Kein geringerer als der Bischof von Astorga hat ihnen die kleine Gastwirtschaft in Foncebadon empfohlen und die Gruppe wird nicht enttäuscht. Der Kaninchenbraten ist erstklassig, die Gewürze sind frisch aus dem Garten hinter der kleinen Küche und auch der Wein reifte nur zwei Dörfer entfernt unter spanischer Sonne. Die Stimmung entwickelt sich prächtig, man speist ausgelassen und plötzlich ist die zündende Idee da: „Was wäre, wenn wir solche Köstlichkeiten auch einmal daheim in Deutschland präsentierten?"

Durchführung //////////////

Diese Idee wurde von mehreren der beteiligten deutschen Einrichtungen, darunter auch St. Ansgar in Hildesheim, aufgegriffen. Im Sommer 2005 wurden sämtliche Freundinnen und Freunde der *Kinder- und Jugendhilfe St. Ansgar* zu einem Fünf-Gänge-Menü à la Kastilien eingeladen.

Eine große Hilfe dabei war die bereits bestehende und gut gepflegte Adresskartei der Einrichtung. Etwa 60 Prozent der Angeschriebenen reagierten auf die Einladung. Dies bedeutete mehr als 150 angemeldete Gäste. Die 49 Euro für den Abend wurden von den Gästen im Voraus überwiesen.

Die Exklusivität des geplanten Menüs wurde unter anderem durch mehrere Presseberichte im Vorfeld immer wieder herausgestellt und die Nachfrage vorangetrieben. Nicht zuletzt deshalb war das Ereignis bereits 14 Tage vor dem Termin ausverkauft.

Die Kinder- und Jugendhilfe St. Ansgar betreibt einen eigenen Partyservice. Das sind gute Voraussetzungen, um ein exklusives Gala-Menü mit liebevoll und aufwändig gestalteter Dekoration vorzubereiten. Trotzdem war es notwendig, viele der benötigten Lebensmittel in ausgesuchten Fachgeschäften zu besorgen. Dass diese sehr hochpreisig waren, versteht sich dabei von selbst. Besonders erfreulich war deshalb, dass ein Großhändler sich bereit erklärte die entsprechenden Zutaten zu sponsern.

Am Abend selbst lag dann tatsächlich der Duft von Kastilien im großen Saal. Gang für Gang folgte die Benefiz-Gala dem Menü des kleinen Restaurants in Foncebadon. Dafür arbeiteten vier Küchenteams im Hintergrund, zwischen den Gängen wurden von den Jugendlichen Tanz- und Performance-Einlagen vorgeführt. Dies alles bot noch einmal einen hervorragenden Rahmen, um das Begegnungshaus-Projekt würdig zu präsentieren. Die Botschaft des Abends lautete: Zwei Wochen mit Jugendlichen zu Fuß auf dem Pilgerweg nach Santiago bringen nahezu so viel wie ein halbes Jahr Betreuung in Deutschland. Die im Anschluss an das Essen stattfindende Spendensammlung erwies sich, gestärkt durch diese Argumentation, als überaus erfolgreich.

Erfolg IIIIIIIIIIIIII Die bezahlten Eintrittskarten summierten sich auf gut 7.500 Euro. Doch die Förder- bzw. Spendenbeträge, die nach dem Essen gesammelt wurden, ergaben noch einmal ein Vielfaches davon. Das positive Ergebnis des Abends wurde darüber hinaus noch einmal verbessert, da viele der verarbeiteten hochpreisigen Lebensmittel gesponsert worden waren.

Perspektiven IIIIIIIIIIIIII Der Funke sprang über. Ausgehend von dem gelungenen Abend wurde das Anliegen des Projekts schnell bekannt und erreichte wichtige und zahlungskräftige Interessierte. Nicht zuletzt aufgrund der Wahl der Schirmherren des internationalen Begegnungshauses, unter anderem der ehemalige baden-württembergische Ministerpräsident Erwin Teufel, der Bischof der Diözese Bamberg Prof. Dr. Ludwig Schick sowie Hildesheims Altbischof Dr. Josef Homeyer wurde das Projekt ein Erfolg. Inzwischen sind in Foncebadon die Bauarbeiten am Jugendbegegnungshaus in vollem Gange und bald werden dort die ersten Jugendlichen übernachten können.

Benefizessen

Ein Benefizessen als Fundraisingaktion ist für Einrichtungen mit Köchen und Küche oder zumindest mit Zugriff darauf eine gute und naheliegende Möglichkeiten, sich um Spender zu bemühen. Dieses Vorhaben ist besonders aussichtsreich, wenn die Einrichtung bereits über ein gewisses Renommee verfügt und gesellschaftlich entsprechend vernetzt ist.

Und gerade diese Vernetzung ist eines der Hauptanliegen eines Benefizessens. Die Begegnungen, die dort in entspannter Atmosphäre stattfinden, sind im wahrsten Sinne des Wortes Gold wert.

Durch den relativ hohen Eintrittspreis für ein solches Essen findet bereits eine Vorauswahl der Interessenten statt. Daher erhält man zu einem solchen Termin sehr intensiven Kontakt zu einer ganzen Reihe von engagierten Personen, um die man sich sonst mit großem Aufwand (und häufig erfolglos) bemüht.

Dabei kommt es vor allem darauf an, eine angenehme Atmosphäre zu gewährleisten, in der sich die Gäste wohlfühlen, die ihnen Wertschätzung signalisiert. Aber Vorsicht, nicht überziehen. Es macht beispielsweise keinen Sinn, bei der Atmosphäre mit hochpreisigen Restaurants wetteifern zu wollen. Trotzdem sollte man sich um eine gewisse improvisierte Professionalität bemühen.

besonders geeignet:

- Wohltätigkeitsessen eigenen sich besonders zur Kontaktpflege zu den wichtigen Persönlichkeiten, Sponsoren und (Groß)Spendern Ihrer Einrichtung. Benefizessen sind eine Form der Öffentlichkeitsarbeit, durch die sich der UnterstützerInnenkreis erweitern lässt. Sie können mit potenziellen Spendern in direkten Kontakt treten und (neue) Projekte vorstellen.

Nutzen:

- Der besondere Anreiz von Benefizveranstaltungen besteht für die Umworbenen generell darin, etwas für ihr Geld zu bekommen, gleichzeitig Gutes für eine wohltätige Sache zu tun und an einem weithin beachteten gesellschaftlichen Ereignis teilzunehmen, zu dem nur ein ausgewählter Kreis Zutritt hat.

Aufwand:

- Der Organisationsaufwand ist erfahrungsgemäß erheblich. Kooperieren Sie mit Sponsoren. Bieten Sie zu einem Benefizessen ein entsprechendes Rahmenprogramm.

zu beachten:

- Der Nachteil von Benefizveranstaltungen ist, dass sie, zumal wenn es an der richtigen Vorbereitung hapert, auch Verluste einfahren können. Eine weitere Gefahr besteht darin, dass die Organisation zu viel Zeit bindet und damit von anderen Fundraising-Aktivitäten ablenken kann.
- Bei der Entscheidung für ein Benefizessen muss auch bedacht werden, ob dieses zum Image der Einrichtung passt und nicht im Widerspruch zu deren Zielen steht. So könnte beispielsweise ein Schlemmeressen für ein Obdachlosenprojekt Negativpropaganda bedeuten.

Tipp:

- Zur Abdeckung der durch das Essen entstandenen Kosten wird in der Regel ein entsprechender Obolus erwartet, der mindestens das Doppelte der Ausgaben ausmachen sollte.
- Legen Sie bei der Planung ihr Augenmerk auf entsprechende Medienpräsenz und binden Sie die Lokalpresse frühzeitig ein. Gewinnen Sie Mediapartner.
- Denken Sie an ein zusätzliches *Extra*: Rezeptbüchlein plus Fotos vom Abend als Erinnerung verkaufen.
- Steigern Sie die Attraktivität des Abends beispielsweise mit einem prominenten Gastredner.

Pfarrgemeinde St. Marien, Cuxhaven

Laufen macht satt

Roswitha Dittrich, *† 04. 06. 2008*

„Die persönliche Ansprache, der direkte Kontakt zu Unternehmen und potenziellen Spendern ist für die Spendenbereitschaft ausschlaggebend. Hier kann auf der guten Basis, die mit dem Erfolg der Aktion in den letzten Jahren geschaffen wurde, zukünftig sicher noch mehr erreicht werden."

Idee

Die Verelendung von Straßenkinder in Brasiliens Großstädten ist zwar 12.000 km weit weg, aber trotzdem berührte diese Situation das Eine-Welt-Team des Pfarrgemeinderats St. Marien in Cuxhaven. Durch einen persönlichen Kontakt wurde das Team auf die Notlage aufmerksam. Die Mitglieder beschlossen daraufhin eine Hilfsaktion. Sie wollten für verschiedene Projekte einer Hilfsorganisation in Brasilien unterstützen.

Als Aktion hat sich das Team für eine sportliche Veranstaltung entschieden: einen Sponsorenlauf. Ein solches Ereignis erregt, wenn es gut geplant ist, großes Aufsehen in der Öffentlichkeit, lockt viele Menschen an und bietet daher vielfältige Möglichkeiten zum Spendensammeln. Ziel war es darüber hinaus, die Problematik positiv und spielerisch zu vermitteln und nach Möglichkeit alle Generationen mit einzubeziehen.

Hauptziel des Events war das Sammeln von Spenden. Dabei wurde ein ausgesprochen kreativer Ansatz verfolgt. Jeder Läufer sucht sich selbst Sponsoren (z. B. aus dem Familien- und Bekanntenkreis), die ihm ein frei gewähltes Kilometergeld zahlen. Dieses Geld wird im Anschluss an den Lauf gespendet.

Der Sponsorenlauf kann die Demonstration des Engagements mit der Gewinnung von Geldern verbinden.

Durchführung

Die Planung des Events war sehr umfangreich. Daher versuchte die Gruppe mit möglichst vielen Einrichtungen vor Ort zu kooperieren. Eine lange Vorlaufzeit bei Vorbereitung und Planung war daher nötig.

Durch Infostände in der Innenstadt und Ausstellungen in Kirchen wurde bereits im Vorfeld das Interesse der Öffentlichkeit am Thema geweckt. Die Presse wurde rechtzeitig informiert und um die Veröffentlichung des Aufrufs zum Sponsorenlauf gebeten. Zusätzlich dazu bereiteten Artikel in der lokalen Tageszeitung, in den kostenlosen Wochenblättern und in den Pfarrbriefen die Öffentlichkeit auf das Event vor.

Aufgrund dieser guten Vorarbeit versprach die Aktion selbst sehr öffentlichkeitswirksam zu werden. So kam es, dass auch das regionale Fernsehen und Radio sowie natürlich die Zeitungen vom Lauf direkt berichteten. Diese Berichterstattung wurde bereits als Beginn der Öffentlichkeitsarbeit für das Folgejahr betrachtet.

Aber Öffentlichkeitsarbeit ist nicht alles. Zur Finanzierung der Plakate, des Infomaterials, der Portokosten und der traditionellen Suppe nach dem Marsch wurden Banken, Firmen und Wohltätigkeitsclubs angesprochen.

Um Doppelanfragen zu vermeiden wurde dabei im Vorfeld festgelegt, welches Teammitglied welches Unternehmen oder welche Person befragt.

Auch Schulen wurden aktiv mit einbezogen. Im Unterricht berichteten Ehrenamtliche über die Not der Kinder in der Dritten Welt. Auf diese Weise wurden viele Schüler motiviert. Gleichzeitig gestärkt mit diesen Informationen konnten sie bei ihrer Sponsorensuche wesentlich erfolgreicher argumentieren und damit letztlich auch ein höheres Kilometergeld aushandeln. Zusätzlich stellten die Schüler Karten, Armbänder und Lesezeichen her, die sie während des Laufs an die Zuschauer verkauften.

Auch die Sportvereine und Kirchengemeinden der Stadt kooperierten mit den Organisatoren und nicht zuletzt wurde natürlich auch der Stadtrat in das Event mit einbezogen. Schirmherr war schließlich der Oberbürgermeister, der gemeinsam mit seiner Frau eine Teilstrecke mitlief.

Rund um den Lauf selbst fanden noch eine Reihe von begleitenden Aktivitäten statt. So wurden unterwegs Infoblätter verteilt und bei den Zuschauern und Passanten wurde gesammelt. Schuhe putzen, Tanzvorführungen und Waffelbacken – natürlich alles gegen eine kleine Spende – ergänzten die Vielfalt der Aktionen dieses Tages.

Mit dem Ende des Events begann der etwas bürokratische Teil der Arbeit. In den Wochen nach dem Hungermarsch wurden alle Teilnehmer und ihre Sponsoren anhand der Kontrollkarten in eine Datenbank aufgenommen. Das Geld wurde angenommen und eingezahlt. Säumige wurden ermahnt und Spendenquittungen mit Dankschreiben an alle Spender verschickt.

Erfolg

Die guten Zahlen sprechen für sich: Für das Jahr 2003 wurden insgesamt 18.600 Euro erzielt. Insgesamt erbrachten die bisher zwölf Hungermärsche mehr als 180.000 Euro! Motor des Ganzen sind Motivation und Engagement der Beteiligten. Zwei Beispiele: Ein Firmling fand 51 Sponsoren, eine Frau 42. Im Jahr 2003 suchten 178 Cuxhavener zwischen acht und 83 Jahren nach Sponsoren. Insgesamt nahmen etwa 400 Personen am Marsch teil. Der größte Teil der eingenommenen Summe besteht daher auch aus dem Kilometergeld, das die Läufer von ihren Sponsoren erhalten haben.

Perspektiven IIIIIIIIIIIIIII

Der Hungerlauf in Cuxhaven zeigt, welch großen Einfluss einzelne Personen haben können, denn nachdem der Hungerlauf in den vergangenen Jahren stetig expandierte, wird es nun langsam ruhig um dieses Event. Dies hängt maßgeblich mit dem Rückzug der Menschen zusammen, die die Aktion Ende der neunziger Jahre ins Leben gerufen haben. Dazu kommt, dass ein solches Event nicht unendlich oft wiederholt werden kann, ohne an Schwung zu verlieren. Aber der Hungerlauf ist trotzdem als unbedingte Erfolgsgeschichte zu betrachten. In den vergangenen Jahren wurden bei diesem Event Summen für den guten Zweck akquiriert, die durch herkömmliche Spendenaufrufe niemals zu erreichen gewesen wären. Darüber hinaus kam die Kirche auf diese Art wieder ganz neu ins Bewusstsein der Bevölkerung, ebenso wie die großen Probleme, hier und anderswo.

Neben dem finanziellen Erfolg spielt die öffentliche Wirkung eine große Rolle.

Sponsorenlauf

Beim Sponsorenlauf müssen zuerst die Mitlaufenden von der Bedeutung des Spendenthemas überzeugt werden. Gut lassen sich hier Gruppen, wie Schulklassen, Firmlinge und Jugendgruppen gewinnen. In diesen Gruppen kann durch die entstehende Eigendynamik eine sehr große Unterstützung für das Gelingen des Projekts gefunden werden. Die Mitlaufenden suchen sich nun jeweils selbst Sponsoren für die gelaufenen Runden oder Kilometer. Oft finden sie diese im persönlichen und familiären Umfeld. Da mehrere Sponsoren für die jeweilige Laufleistung geworben werden können, sind so auch bei niedriger Kilometer- bzw. Rundenzahl und hohem Betrag pro Leistung, aber auch bei kleinen Beträgen aber hoher Leistung hohe Beträge möglich.

Bieten Sie den Aktiven Hilfen zur Argumentation an, mit denen sie Sponsoren gewinnen können.

Interessant könnte es sein, Großsponsoren zu finden, die die gesamte Laufleistung aller Läufer zusammen mit einem entsprechenden Betrag belegen. Wenden Sie sich dafür vor allem an Firmen, die für Sie in der Vergangenheit gespendet haben oder mit denen Sie in Geschäftsbeziehung stehen. Sprechen Sie ortsansässige und lokal agierende Firmen als Sponsoringpartner an. Denn diese Unternehmen suchen ihre Kunden in der Regel in ihrer näheren Umgebung und haben daher ein Interesse an lokalen Aktionen und damit verbundener Werbung. Zu den Firmen in Ihrer näheren Umgebung können Sie persönliche Kontakte leichter aufbauen, halten und pflegen.

Zielgruppen:

- Menschen, die sich über eine außergewöhnliche sportliche Leistung animieren lassen, für soziale Projekte zu spenden
- sportbegeisterte Jugendliche
- Ortsansässige und lokal/regional agierende Firmen

Spendenmotiv:

- Durch die Wechselwirkung von sportlichem Ehrgeiz der Läufer und Mannschaften einerseits und der Begeisterung des Publikums andererseits wird das Ziel, eine möglichst hohe Spendensumme zu erlangen, erreicht. Zuschauer wie Aktive tragen ihren Teil zum Erfolg bei und damit zur Verwirklichung von Zielen der Kirchengemeinde, wie der Hilfsaktion von St. Marien, Cuxhaven, für Straßenkinder in Brasiliens Großstädten

Aufwand:

- Zeit für Öffentlichkeitsarbeit und Organisation
- Materialien für die Aktiven zur Sponsorengewinnung
- Listung der Aktiven und der Sponsorengelder sowie Bedankung

Nutzen:

- Das Geldsammeln wird mit einem gesellschaftlichen Anlass kombiniert und macht sich dabei den sportlichen Ehrgeiz und das Beziehungsnetz der Teilnehmenden zu Nutzen.

zu beachten:

- attraktive Laufstrecke, die möglichst hohes Zuschauerpotential garantiert
- Kontakt zu Polizei und Ordnungsamt
- evtl. medizinische Betreuung nötig
- Organisation des Kontakts zu Sponsoren; sensibles Mahnen von säumigen Zahlern
- Medienpartner garantieren eine durchgängige Präsenz
- Ehrungen für die Läufer nicht vergessen
- Viele Begleitaktionen können das Event stützen.

Pfarrgemeinde St. Marien, Lüneburg

Wer der Gemeinde gibt, dem zahlt Gott die Zinsen

Norbert Krause

„Nach einem zinslosen Darlehen fragt es sich wesentlich leichter als nach einer Spende. Aber vielfach haben mir Leute, die ich um ein solches Darlehen bat, eine Spende zukommen lassen."

Idee

Der Einsatz erneuerbarer Energien ist zurzeit eine der erfolgversprechendsten Möglichkeiten um den Raubbau an der Natur entgegenzutreten und damit einen Beitrag zur Bewahrung der Schöpfung zu leisten. Die Gemeinde St. Marien in Lüneburg beschloss sich an dieser Aufgabe aktiv zu beteiligen. Das Programm der Deutschen Bundesstiftung Umwelt (DBU) *300 Kirchengemeinden für die Sonnenenergie* deckte sich mit dem Ziel der Gemeinde und so wurde die Errichtung einer Solaranlage auf dem Dach der Kirche beschlossen. Gleichzeitig sollte durch diesen Beitrag zum Umweltschutz eine dauerhaft gesicherte Einnahmequelle für die Kirchengemeinde geschaffen werden.

Für die Realisierung des Projektes wurden jedoch knapp 50.000 Euro benötigt. Davon wurden zwar fast 20.000 Euro bereits durch den Zuschuss der Stiftung gedeckt. Doch die fehlenden 30.000 Euro musste die Kirchengemeinde aufbringen. Die Idee zur Beschaffung der Eigenmittel war so genial wie einfach: Die fehlenden Summe sollte durch zinslose Darlehen zusammengetragen werden.

Der religiöse Aspekt bleibt bei aller Finanzrechnerei im Vordergrund.

Durchführung

Damit diese Rechnung aufgeht, sollten ca. 128.000 Euro vorwiegend bei den Gemeindegliedern als voll rückzahlbares, aber zinsloses Darlehen eingeworben werden. Das heißt, die Darlehensgeber sollten nach fünf Jahren ihren eingezahlten Betrag vollständig, aber ohne Zinsen zurückerhalten. Der Zinsverlust der Darlehensgeber ist also deren Beitrag für dieses Umweltprojekt. Die Summe der 128.000 Euro setzte sich folgendermaßen zusammen. Von der Gesamtsumme wurden knapp 30.000 Euro als Eigenanteil in Ergänzung zu den Stiftungsmitteln sofort gebraucht, um die Anlage zu errichten. Die restlichen 98.000 Euro sollten für eine Laufzeit von fünf Jahren zu vier Prozent bei Banken fest angelegt werden.

Dies sollte Zinsen in Höhe von knapp 4.000 Euro pro Jahr erwirtschaften. Dazu wurde die Einspeisevergütung für den erzeugten Strom addiert, die auf jährlich ca. 2.000 Euro geschätzt wurde. Diese Summe von 6.000 Euro im Jahr ergäbe im Verlauf von fünf Jahren eine Gesamteinnahme von 30.000 Euro. Damit wäre der Eigenanteil der Gemeinde refinanziert und die Anlage somit voll bezahlt.

Laut Planung sollten daraufhin die zinslosen Darlehen zurückgezahlt werden. Und die für weitere 15 Jahre garantierte Einspeisevergütung von knapp 2.000 Euro pro Jahr stünde dann der Gemeinde voll für die Finanzierung ihrer vielfältigen Aufgaben zur Verfügung.

Auf der Grundlage dieser Rechnung begannen die Verantwortlichen mit der Mittelakquise. Mit einer Vorstellung des Projektes im Gottesdienst und bei einer Versammlung im Gemeindehaus, unter Anwesenheit des bischöflichen Umweltbeauftragten, wurde die Gemeinde informiert und vom langfristigen Nutzen des Projektes überzeugt. Eine intensive Öffentlichkeitsarbeit machte das Projekt über die Gemeindegrenzen hinaus bekannt.

Dazu kamen Beiträge im Pfarrbrief sowie intensive Einzelgespräche mit potenziellen Darlehensgebern von Seiten des Pfarrers und weiteren engagierten Gemeindemitgliedern.

Erfolg

Vielleicht lag es an der angespannten wirtschaftlichen Lage, oder die Verantwortlichen hatten die finanzielle Situation ihrer Gemeindemitglieder falsch eingeschätzt – jedenfalls gelang es nicht, genügend Darlehensgeber zu gewinnen. Insgesamt wurden lediglich Darlehensverträge über 34.857 Euro abgeschlossen.

Das Projekt konnte jedoch trotzdem zum Erfolg geführt werden, denn viele der Angesprochenen erwiesen sich als großzügiger, als zu Beginn angenommen werden konnte. Sie waren bereit, statt des Darlehens eine Spende für das Projekt zu leisten. Insgesamt wurden auf diesem Wege 10.389 Euro eingenommen. Dadurch verringerte sich die Höhe der einzuwerbenden Darlehen drastisch, denn jeder gespendete Euro reduzierte den einzuwerbenden Betrag um 25 Euro. Das Ziel einer in fünf Jahren bezahlten Photovoltaikanlage konnte damit erreicht werden.

Hintergrundinformationen und Transparenz machen das Projekt in finanziellen und technischen Belangen greifbar.

Perspektiven

Das Projekt begann im Juni 2001 mit dem Antrag an die DBU. Die Einweihungsfeier, zu der Spender und Darlehensgeber sowie die breite Öffentlichkeit eingeladen waren, fand am 16. Juni 2002 statt.

Seitdem steht das Projekt häufig in der Presse, wird von unterschiedlichen Gruppen (Schüler, Auszubildende, Umweltschutzgruppen) besichtigt. Für die Öffentlichkeit gut einsehbar wurde eine Anzeigetafel für die monatlichen Einspeisemengen angebracht. Ein Flyer und Besichtigungstermine informieren über die Anlage. Jedes Jahr an Fronleichnam wird der Gemeinde durch einen so genannten *Sonnentag* Rechenschaft über den erzielten Ertrag und finanziellen Stand des Projektes abgelegt. Diese Daten sind auch öffentlich über die Website der Gemeinde im Internet einsehbar.

Aber am wichtigsten – die jährlichen Einnahmen von ca. 2.000 Euro aus diesem Projekt stehen der Kirchengemeinde noch für die nächsten 13 Jahren gesichert zur Verfügung.

zinsloses Darlehen

Zinslose Darlehen gewinnt man am besten im persönlichen Gespräch. Allerdings ist es im Vergleich zur Spende etwas anderes, nach einem Darlehen zu fragen.

Die Personen, die sich um die Einwerbung der Darlehen bemühen, müssen mit den Einzelheiten des Finanzplanes bestens vertraut sein um evtl. auftretende Fragen kompetent und richtig beantworten zu können. Dies schließt meistens die *massenhafte* Entsendung von Freiwilligen, die sich im Freundes- und Bekanntenkreis um Darlehen bemühen, aus. Da die Anzahl der Gespräche auf diese Weise stark beschränkt ist, müssen die Zielpersonen umso sorgfältiger recherchiert werden. Des Weiteren muss man sich bewusst sein, dass die Darlehensgeber über einen längeren Zeitraum engagiert betreut werden müssen. Ein jährlich an die Person zu verschickender Rechenschaftsbericht ist dabei das Mindestmaß der Dinge. Dieser muss in jedem Fall transparent und aussagekräftig sein. Mögliche Komplikationen in der Finanzplanung, insbesondere wenn sie den angepeilten Rückzahlungstermin betreffen, sind den Darlehensgebern zeitnah und direkt anzuzeigen. Diese kontinuierliche Kommunikation ist aber nicht nur eine notwendige Pflichtübung. Vielmehr bietet sie auch die Chance, ein langfristiges persönliches Verhältnis zwischen dem Darlehensgeber und Ihrer Einrichtung zu etablieren und ihn zu einem Freund und Förderer über das aktuelle Projekt hinaus zu machen.

Zielgruppen:

- gut situierte Personen mit Affinität zur Thematik, die über ein disponibles Vermögen verfügen

Spendenmotiv:

- das Gefühl einer namhaften Unterstützungsleistung, bei tatsächlich vergleichsweise geringem Mitteleinsatz (Zinsertrag)

Aufwand:

- zeitlicher Aufwand ist relativ hoch
- genaue Recherche der anzusprechenden potentiellen Darlehensgeber
- fundierte Kommunikationsstrategie über einen längeren Zeitraum
- Schulung der Freiwilligen in den Einzelheiten des Finanzplanes

Nutzen:

- planbares Spendenvolumen (definierter Zinssatz)
- über intensive und langfristige Kommunikation Chance der nachhaltigen Bindung des Darlehensgebers an die Einrichtung

zu beachten:

- Personen, die mit potenziellen Darlehensgebern reden, müssen sich im Finanzierungsplan gut auskennen.
- Rechenschaftsberichte für die Darlehensgeber müssen möglichst transparent und ausführlich sein, damit die Menschen sehen, was mit ihrem Geld geschieht.
- Zinslose Darlehen sind wegen der Verpflichtung zur Rückzahlung keine Spende. Auch für die Zinsersparnis bei einem unverzinslich oder niedrig verzinslich gewährten Darlehen kann keine Zuwendungsbescheinigung ausgestellt werden, da es steuerlich am Kriterium der unmittelbaren Zuwendung fehlt. Der Darlehensgeber kann die geleisteten Zinsen aber als Geldspende der Kirchengemeinde zukommen lassen, dafür kann dann eine Zuwendungsbescheinigung ausgestellt werden.

Caritasverband für Stadt und Landkreis Goslar e. V.

77 Euro für Menschen ohne Arbeit

Andreas Pleyer III Geschäftsführer IIIIIIIIIIIIIII

„Maßgeblichen Anteil am Erfolg von „77 Euro“ hatte die Strategie, bekannte Persönlichkeiten aus Kirche, Kultur und Politik für uns zu begeistern und als Multiplikatoren einzusetzen. Ihr persönlicher und engagierter Einsatz zeigte oftmals mehr Wirkung als tausend Worte.“

Idee IIIIIIIIIIIIIII

Der Caritasverband für Stadt und Landkreis Goslar e. V. führte bereits seit 1996 mit finanzieller Unterstützung des Arbeitsamtes und des Landkreises Projekte für Langzeitarbeitslose durch. In einjährigen Arbeitsbeschaffungsmaßnahmen (ABM) erhielten die Menschen einen Arbeitsvertrag, Weiterqualifizierung und die Chance zur beruflichen Eingliederung. Aufgrund der Hartz-Reform zogen sich jedoch beide Finanzpartner im Jahre 2003 zurück. Die bis dahin sehr erfolgreichen Maßnahmen hätten somit nicht weiterlaufen können.

Die Mitarbeiter des Projektes führten daraufhin eine öffentliche Veranstaltung durch, um ihre Sicht der Dinge zu schildern. Natürlich war auch die Presse eingeladen und berichtete entsprechend. Dies löst eine große emotionale Betroffenheit in der Bevölkerung aus.

Ein nachfolgendes Gespräch beim Arbeitsamt führte daraufhin zum Einlenken: Die Behörde erklärte sich bereit, auch aufgrund der guten Eingliederungserfolge der gelaufenen Projekte, bei drei AB-Maßnahmen für etwa 50 Menschen die kompletten Personalkosten zu übernehmen. Es fehlten aber etwa 45.000 Euro für die sonstigen Kosten – umgerechnet also rund 77 Euro pro Arbeitslosem und Monat.

Durchführung ///////////////

Als ein erster Schritt wurde von den Initiatoren des Projekts versucht, einflussreiche Personen des öffentlichen und wirtschaftlichen Lebens als Multiplikatoren für das Projekt zu gewinnen. Dazu wurde das Projekt auf einer innerkirchlichen Konferenz mit dem Ergebnis vorgestellt, dass sich die Hauptamtlichen hinter diese Aktion stellten. Gleichzeitig wurde intensiv versucht, lokal bekannte Persönlichkeiten außerhalb der Kirche für die Sache zu werben. Diese Bemühungen waren in vielen Fällen von Erfolg gekrönt und schon bald konnte der Kreis aus prominenten Unterstützern seine Arbeit aufnehmen.

Dessen Mitglieder sprachen verschiedene Institutionen wie die Bürgerstiftung und Banken an und baten um Unterstützung. Auch mit verschiedenen Geschäftsleuten und dort insbesondere mit denen, die in Geschäftsbeziehung mit den örtlichen Gemeinden stehen, wurde geredet.

Aber vor allem die Einbeziehung der Bevölkerung erbrachte den notwendigen Erfolg. 1.000 Flyer mit angehängtem Überweisungsträger, die über das Projekt informieren, wurden erstellt und verteilt.

Darüber hinaus wurden die Menschen im Landkreis Goslar durch zahlreiche kleine Aktionen immer wieder auf das Thema aufmerksam gemacht – ob beim Kolpingfrühschoppen, mit Infoständen bei Gemeindefesten, Sammlungen bei Gottesdiensten, beim Schützenfest oder anlässlich runder Geburtstage und Jubiläen.

Besonders großen Wert wurde auf die gute Betreuung der Spender gelegt, um die Spendenbereitschaft in der Bevölkerung zu erhalten. Deshalb erhielt jeder Spender sehr schnell einen persönlichen Dankbrief mit einer Zuwendungsbescheinigung . Aber auch auf die Transparenz der Spendenkampagne wurde großen Wert gelegt. Ein Spendenbarometer auf der Internetseite der Caritas-

FUNDbrief

SCHRIFTEN ZU FUNDRAISING IN KIRCHE UND CARITAS

Ausgabe 03.04 Preis 3 Euro

TITEL
DENKANSTOSS
ESSAY
BERICHT
BASISWISSEN
AUS DER PRAXIS

Kirche zeigt Flagge dank Caritas 1
Investieren Sie 1
Fundraising einbinden 5
Fundraisingbüro zieht Bilanz für 2003 2
Bernward-Hilfsfonds 14
Homepage für Onlinespenden 15
Klappern gehört zum Handwerk 12
Preise von Standarddrucksachen 13
Datenbankanalysen – Zielgruppen identifizieren 10
Hildesheim startet Erbschaftsmarketing 14

TITEL

Mit 77 Euro Arbeitslosen geholfen

Überraschender Erfolg der Caritas – 45.000 Euro Spenden

„Die Arbeitslosigkeit muss wieder ein Gesicht bekommen. An die Stelle der großen Zahl treten die einzelnen Menschen". Dieses Ziel, das Dr. Peter Hartz mit der Reformgesetzgebung zum so genannten Arbeitslosengeld II ab Januar 2005 umsetzen will, verwirklicht der Caritas-Verband für Stadt und Landkreis Goslar e.V. bereits seit 1996: Eine intensive Betreuung zur Wiedereingliederung vor allem von Langzeitarbeitslosen, älteren oder behinderten Menschen ohne Job ... Was aufgrund der finanziellen Förderungen für Arbeits- ... durch die Bun-

DENKANSTOSS

Investieren Sie

Wer erfolgreich Fundraising betreiben will, muss dafür Voraussetzungen schaffen, das heißt zunächst und vor allem (inner)organisatorische Voraussetzungen. Es gilt, Fundraising fest in der Arbeit und dem Bewusstsein Ihrer Einrichtung zu verankern.

Dazu hat 1. Fundraising regelmäßig auf der Tagesordnung Ihrer Leitungsgremien zu stehen, 2. Fundraising be- ... Zuständigkeiten und

Goslar sowie Schautafeln in den Gemeinden informierten stets aktuell über den Spendeneingang. Außerdem erhielten die Pfarrgemeinderäte und Kirchenvorstände regelmäßig Informationen über die Fortschritte des Projektes durch die Ehrenamtlichen des Unterstützerkreises. Aber auch die nicht-kirchengebundenen und gemeindefernen Spender wurden durch Zwischenberichte in der lokalen Presse und in den Pfarrbriefen auf dem Laufenden gehalten.

Erfolg

Die Caritas-Aktion *77 Euro – Und ich habe Arbeit* war ein voller Erfolg. Die Stadt Seesen gab gleich zu Anfang eine Zuwendung von 10.000 Euro. Dafür wurde vereinbart, dass die Teilnehmer als ABM-Kräfte in den städtischen Einrichtungen arbeiten werden. Die Gemeindecaritas in Seesen spendete 5.000 Euro. Die Sammlungen und Erlöse bei den Gemeindefesten und beim Schützenfest sowie zahlreiche Einzelspenden ergaben insgesamt ungefähr 23.000 Euro, davon rund 5.000 Euro allein von den Pfarrern und Diakonen.

Nach nur zwei Monaten Laufzeit waren somit bereits mehr als 38.000 Euro eingenommen. Die meisten Spender wählten die dem Kampagnenmotto entsprechenden *77 Euro* und übernahmen damit für einen Monat die Patenschaft für einen Arbeitsplatz. Es gab aber auch viele Fälle, bei denen Menschen diese Patenschaft auf ein halbes oder gar ein ganzes Jahr ausweiteten.

Die zahlreichen Einzelspenden belegen, dass es sich bei diesem Thema um einen Spendenzweck von großer gesellschaftlicher Relevanz handelte. Aber erst durch die gut vorbereitete Zusammenarbeit mit der lokalen Presse konnte das Thema entsprechend in die breite Öffentlichkeit getragen werden. Zum entscheidenden Erfolg trug vor allem aber auch bei, dass viele örtlich bekannte Persönlichkeiten aus Kirche, Politik und Kultur mit ihrem Namen hinter dem Projekt standen und potenzielle Spender persönlich ansprachen. Die Initiatoren, vor allem der Geschäftsführer des Caritas-Verbandes, sind zu Recht sehr stolz auf das Ergebnis.

Perspektiven

Die Aktion *77 Euro – Und ich habe Arbeit* zeigt exemplarisch auf, dass die Menschen gern und großzügig spenden, wenn sie wissen, wofür das Geld verwendet wird – insbesondere, wenn es für Menschen in der eigenen Nachbarschaft ist. Ein derart einleuchtender Spendenzweck ist in Verbindung mit einer professionellen und zuvorkommenden Betreuung der Spender die perfekte Basis für die erfolgreiche Durchführung weiterer Spendenaktionen.

Projektpatenschaft

Patenschaften erfreuen sich im Fundraising wachsender Beliebtheit. Eine Projektpatenschaft ist anders als eine Patenschaft für z. B. ein Kind meist auf eine wesentlich kürzere Zeitdauer ausgelegt. Entweder geht es darum, einen bestimmten Teil eines Projektes über dessen gesamte Dauer zu fördern, oder das Projekt ist in bestimmte Zeitsegmente unterteilt. Beide Möglichkeiten der Segmentierung lassen sich natürlich auch noch kombinieren. Hier muss man nur aufpassen, dass das Ganze nicht zu unübersichtlich wird, denn eine Patenschaft bezieht den Spender intensiv in die Arbeit mit ein. Dies schlägt sich zwar nicht zwangsläufig in der täglichen Arbeit am Projekt nieder, sehr wohl aber in der Kommunikation mit dem Spender.

Der Spender sollte über die Ergebnisse oder den Verlauf des Projekts allgemein und insbesondere über den von ihm *betreuten* Teil informiert werden. Bei kurzer Laufzeit reicht natürlich eine Information zum Abschluss des Projekts, sollte das Projekt aber länger dauern, ist eine kontinuierlichere Kommunikation mit dem Spender gefordert. Dazu gehört genauso eine Weihnachtskarte wie der jährliche Rechenschaftsbericht. Finden sich zusätzlich dazu noch Berichte über das Projekt in der lokalen Presse, sind dies die besten Voraussetzungen für eine dauerhafte Bindung von Spendern an Ihre Einrichtung.

Zielgruppen:

- Personen mit Affinität zum Projekt bzw. zur Thematik

Spendenmotiv:

- das Gefühl, direkt und unmittelbar Verantwortung für eine bestimmte Sache oder einen Zeitraum zu tragen

Aufwand:

- Das Gesamtprojekt muss in schlüssige Segmente zerlegt werden, auch was den jeweiligen Finanzierungsbedarf angeht.
- Eine gute Öffentlichkeitsarbeit und eine ebensolche Spenderbetreuung sind Grundvoraussetzungen.

Nutzen:

- planbarer Eingang von Geldmitteln
- Möglichkeit der längerfristigen Bindung von Personen über das aktuelle Projekt hinaus

zu beachten:

- Längerfristig engagierten Spendern muss Zeiten der *Erholung* gewährt werden, ohne die Kommunikation abzubrechen bzw. zu unterbrechen.
- hohes Maß an Spenderpflege bzw. Spenderbindung
- Die Verzahnung mit weiteren Spendenaktionen rund um das Projekt ist sinnvoll, da nicht jeder zum Paten werden will, aber durchaus zu einer (Einmal-)Spende bereit ist.

Pfarrgemeinde St. Bonifatius, Wunstorf

Eine smarte Idee

Pfarrer Alfons Berger IIIIIIIIIIIIIIIIIIIIIIIIIIIIIIIIII

„Auch bei uns hat sich ein Fundraising-Mix als wirksame Strategie erwiesen. Waren andere Aktionen finanziell auch erfolgreicher, hinsichtlich Öffentlichkeitsarbeit war das Fundraising-Instrument Kirchturmwerbung unübertroffen."

Idee

IIIIIIIIIIIIIII Nach der notwendig gewordenen Entfernung des hohen Baumbestands rund um die St. Bonifatius-Kirche in Wunstorf trat deren Kirchturm endlich wieder deutlich in den Vordergrund und wurde als Blickpunkt auch von Passanten besonders wahrgenommen. Dabei fiel leider als erstes auf, dass der Turm durch den ehemals sehr schattigen Standort inmitten der hohen Bäume stark verschmutzt und unansehnlich geworden war. Außerdem war der Fassadenanstrich inzwischen schadhaft und rissig und auch die acht im Turm vorhandenen Fenster sowie die Windfedern, Sparrenköpfe und Schalungen der Dachüberstände bedurften dringend eines neuen Anstrichs. Auch das Holz der vier großen Eichenholzgitter des Glockenraumes war inzwischen stark verwittert. Mittelfristig führte damit kein Weg an einer Sanierung vorbei. Aufgrund der exponierten Lage der Kirche sollte die Sanierung des Turms aber möglichst kurzfristig erfolgen. Die eingeholten Kostenvoranschläge summierten sich dabei auf 13.000 Euro. Demgegenüber standen der Gemeinde für Reparaturmaßnahmen an sämtlichen Gebäuden jährlich nur ca. 4.500 Euro zur Verfügung. Darüber hinaus drängte die Zeit, sollte die Sanierung nicht auf das nächste Frühjahr verschoben werden. Die gemeindeinterne Arbeitsgruppe Fundraising erarbeitete eine Fundraisingstrategie.

Während der Renovierung ist ein sakrales Gebäude auch Baustelle und damit ein Einsatz für Werbung vertretbar.

Diese sah unter anderem die Segmentierung des Gesamtprojekts in mehrere Einzelbausteine sowie die Nutzung der Gerüstfläche am Kirchturm zu Werbezwecken vor.

Durchführung

Der Kirchturm wurde in 325 Quadrate zu je 1 qm unterteilt. Die Sanierung jedes qm wurde mit 40 Euro kalkuliert. Für diese Summe wurden die einzelnen Quadrate den Menschen und Unternehmen im Stadtteil angeboten. Dies geschah durch Artikel im Pfarrbrief und der Stadtteil- bzw. Lokalzeitung. Dort wurde das Projekt vorgestellt und beworben. Die Förderer konnten einzeln oder zu mehreren ein oder beliebig viele Quadrate erwerben, aber auch mit speziellen Gutschein weiter verschenken, die in vielen Wunstorfer Geschäften auslagen. Die Aktion lief von Dezember 2006 bis Mitte 2007. Der jeweils aktuelle Stand an verkauften Quadratmetern wurde u. a. an einem großen Holzmodell des Kirchturms an prominenter Stelle in der Kirche visualisiert. In den Quadraten am Modell wurden die Namen der Förderer – wenn gewünscht – veröffentlicht.

Natürlich ist es nicht einfach, für ein kircheninternes Unterfangen wie die Sanierung eines Gotteshauses Förderer außerhalb der

Kirchengemeinde zu finden. So engagierten sich auch überwiegend Gemeindemitglieder für das Projekt. Innerhalb der gut 4.500 Katholiken zählenden Gemeinde wurde nach dem Startschuss im Dezember 2006 großer Zuspruch gefunden: Bis Anfang 2007 gingen bereits gut 10.000 Euro an Spenden ein. Die strategische Einbeziehung von Weihnachten und die damit verbundene erhöhte Spendenbereitschaft haben dazu erheblich beigetragen. Begleitende Öffentlichkeitsarbeit und eine kontinuierliche Ansprache im ersten Halbjahr 2007 ließen das Spendenaufkommen auf über 19.000 Euro anwachsen. Dieser Erfolg wurde öffentlich gemacht, auch dass er es möglich machte, einen Teil der ebenfalls renovierungsbedürftigen Außenfassade des Kirchenschiffs gleich mit zu sanieren.

Im September 2007 wurde die Turmsanierung in Angriff genommen. Angesichts der notwendigen Einrüstung des Turms, sollte das Baugerüst für Werbezwecke vermietet werden. Dabei stellten sich jedoch mehrere grundsätzliche Fragen:

- Will die Kirchengemeinde die zeitweilige Kommerzialisierung des sakralen Gebäudes hinnehmen?
- Hat sie die Unterstützung des sie umgebenden Umfeldes für das Projekt?
- Ist die Gemeindeleitung bzw. der Kirchenvorstand bereit, Zeit in ein solches Kooperationsprojekt zu investieren?

Nachdem die Entscheidung zugunsten der Werbemöglichkeit an der Rüstung des Turms gefallen war, galt es, die baurechtlichen Bedingungen zu klären und eine so genannte Sponsoringskizze zu erstellen. Dies geschah in Form eines ansprechend gestalteten DIN A4 Blatts mit Fotos vom Kirchturm, die möglichst einen Eindruck von seiner Sichtbarkeit bzw. attraktiven Lage vermitteln sollten. Dazu kamen kurz und knapp Angaben zu Größe, möglicher Unterteilung und Ausrichtung der zur Verfügung stehenden Werbefläche sowie Angaben, wann, wie lange und zu welchen Kosten die Anbringung von Werbebannern möglich war.

Anschließend wurden potenzielle Sponsoren im Umfeld der Gemeinde recherchiert. Als Grundlage dienten u. a. Firmenverzeichnisse und das Internet. Als Ergebnis dessen wurden fast 150 Firmen mittels eines speziell entworfenen Anschreibens und der Sponsoringskizze über diese besondere Möglichkeit der Werbung informiert. Zeitverzögert wurde mit gut der Hälfte von ihnen der direkte Kontakt per Telefon gesucht. Bei der Sponsorenansprache haben sich u. a. folgende Erkenntnisse bestätigt:

Den Aufwand und die Kosten der Produktion von entsprechend dimensionierten Werbebannern scheuen eher kleine örtliche Firmen noch und für das Gewinnen örtlicher Niederlassungen und Filialen von großen Unternehmen braucht es Zeit. Deren Werbeetats sind i. d. R. langfristig verplant und außerdem müssen die Aktivitäten oftmals mit der Firmenzentrale abgestimmt werden – und es ist schwierig den Marketingentscheidern an den Konzernspitzen zu verdeutlichen, welchen Wert und Werbewirksamkeit die Kirchturmwerbung an einem weit entfernten und ihnen möglicherweise unbekannten Standort hat.

Erfolg und Perspektiven

Die Zahl der letztendlich in Frage kommenden Interessenten war sehr klein. Nichtsdestoweniger wurde die Gemeinde auf diesem Wege in der Stadt und in der Region bei Einzelhandel, Handwerk und Unternehmen bekannt. Durchaus eine Zukunftsinvestition.

Als Sponsoringpartner konnte schließlich das smart Center Hannover-Garbsen gewonnen werden, das bereit war, eine Fläche von 20 qm über die gesamte Standzeit des Gerüstes zu mieten. Ein entsprechend großes Plakat war ab September 2007 nicht zu übersehen. Die Werbeparolen der Kleinwagenreklame waren provokant und schienen die schlimmsten Befürchtungen aus den anfänglichen Grundsatzüberlegungen zu bestätigen. *Mit Gottes Segen auf all seinen Wegen* war da zu lesen. Und weiter hieß es: *Günstig bei Steuern, Versicherung und Verbrauch ... da freut sich auch der Klingelbeutel.*

Doch diese Befürchtungen erwiesen sich als unbegründet. Kritik an dem mit kirchlichem Vokabular witzelnd-spielenden Werbespruch blieb aus und offenbar fühlte sich auch kein Gemeindemitglied in seinen religiösen Gefühlen verletzt. Die Werbung wurde in Gemeinde und Bevölkerung als das aufgenommen, was sie war – nämlich humorvoll. Die Aktion *Werbebanner am Kirchturm*, war nur eines von mehreren eingesetzten Fundraising-Instrumenten und brachte insgesamt nur ca. acht Prozent der benötigten Gesamtsumme ein, war aber als Mittel zur Förderung des Bekanntheitsgrades der Gemeinde unübertroffen.

Kirchturmwerbung

Sakrale Gebäude eignen sich grundsätzlich nicht für kommerzielle Werbung. Während einer Renovierung ist eine Kirche jedoch nicht nur Kirche, sondern auch Baustelle. In dieser Phase ist ausgewählte Werbung für kommerzielle Zwecke durchaus vertretbar. Dann eignen sich Kirchenfassaden und insbesondere Kirchtürme aus mehreren Gründen sehr gut als Werbestandorte für Riesenposter:

- Sie stehen in der Regel an markanten Stellen und werden von weither gesehen.
- Sie sind sonst werbefreie Zonen.
- Das Auge wird besonders aufmerksam, wenn sich hier an der Außengestaltung etwas verändert.
- Sie profitieren von dem besonderen Spannungsverhältnis *sakrales Gebäude – kommerzieller Zweck.*

Die Megaposter rentieren sich für überregionale Sponsoren aber nur an Stellen mit hoher Passantenfrequenz. Dazu zählen auch Standorte in kleinen Gemeinden, die an viel befahrenen Bahnstrecken oder Straßen liegen. Handelt es sich dagegen um einen Standort mit geringer Frequenz und bescheidener lokaler Bedeutung, bietet es sich an, im Umfeld der Gemeinde nach Werbekunden zu suchen.

Selbstverständlich kann (und soll) diese besonders augenfällige Werbemöglichkeit auch für eigene Projekte und kirchliche Einrichtungen genutzt werden.

Zielgruppen:

- lokaler/regionaler Einzelhandel
- klein- und mittelständige regionale und überregionale Unternehmen

Spendenmotiv:

- Steigerung des Bekanntheitsgrades des jeweiligen Unternehmens
- Ansprache neuer Käuferschichten

Aufwand:

- Recherche potenzieller Sponsoren
- Entwurf einer Sponsorenskizze und Recherche notwendiger Daten und Fakten
- schriftliche und telefonische Ansprache von potenziellen Sponsoren (z. T. mehrfach)

Nutzen:

- Öffentlichkeitsarbeit für die Kirchengemeinde
- wertvolle Kontakte für zukünftige Projekte

zu beachten:

- Sponsoringanfragen müssen bei Unternehmen in der Regel rund ein Jahr vor Maßnahmenbeginn erfolgen
- auf die jeweiligen Sponsoren zugeschnittene und differenzierte Angebote offerieren

Pfarrgemeinde Maria Königin des Friedens, Göttingen

Mission auf Großbild

Wolfgang Ott IIIIIIIIIIIIIIIIIIIIIIIIIIIIIIIIIIIIIIIII

„Nach den guten Erfahrungen mit ProChrist haben wir uns als Kirchengemeinde auch an weitere Fundraising-Projekte herangewagt. Die dabei gemachten Erfahrungen sind fast durchweg positiv."

Idee IIIIIIIIIIIIIII ProChrist ist eine per Satellit übertragene Großveranstaltung, die im Abstand von zwei bis drei Jahren viele hundert Orte, Kirchen und Gemeinden in Deutschland und Europa vereint, um gemeinsam für den Glauben an Jesus Christus zu werben. Auch in die Kirche *Maria Frieden* in Göttingen sollte das Ereignis im März 2003 auf einer Großbildleinwand übertragen werden.

Allerdings fiel diese Entscheidung – wie so oft – verhältnismäßig spontan. So standen für die Organisation der Veranstaltung, für die Beschaffung der erforderlichen Finanzmittel, der technischen Ausrüstung und der Werbung von Ehrenamtlichen weniger als drei Monate zur Verfügung. Normalerweise wird für die Organisation vergleichbarer Events ca. ein Jahr Vorlaufzeit eingeplant. Die Kosten für die Bereitstellung der technischen Ausrüstung wurden mit ca. 5.000 Euro kalkuliert.

Durchführung IIIIIIIIIIIIIII Aus den insgesamt 52 ehrenamtlichen Mitarbeitern wurden sieben Teams gebildet – Leitungsteam, Öffentlichkeitsarbeit, Technik, Logistik, Gästebetreuung, Gesprächskreise und Fundraising.

Im Bereich Fundraising wurden dabei folgende Schwerpunkte gesetzt. Die Sponsoren- und Spenderwerbung sollte durch persönliche Ansprache geschehen. Teammitglieder mit guter Kenntnis der lokalen Wirtschaft und Geschäftswelt sollten dazu mithilfe einer Informationsmappe für die Unterstützung der Veranstaltung werben. Erklärte sich ein Unternehmen zur Unterstützung bereit, hatte es die Möglichkeit, auf den ProChrist-Plakaten und auf 4.000 Flyern sein Logo zu platzieren. Um Doppelungen und Auslassungen zu vermeiden wurde diese Aktion durch eine strategische Besuchsliste gesteuert. Dazu kamen wöchentliche Berichte über ProChrist mit Spendenaufrufen im Pfarrbrief und in den Vermeldungen nach den Gottesdiensten. Natürlich lagen dazu bereits Überweisungsträger am Schriftenstand aus. Aber auch während der Veranstaltung wurde noch gesammelt. Die Kollekte wurde dabei durch das Einblenden von Spenden-Spots vor und nach den Übertragungen vorbereitet. Nicht zuletzt konnten durch den Verkauf von Büchern, Getränken und Speisen noch einige Euro eingeworben werden.

Erfolg

An ehrenamtlicher Mitarbeit wurden im Vorfeld 300 und während der Veranstaltungen 480 Zeitstunden geleistet. Das Fundraising wurde entsprechend den Planungen durchgeführt. Dabei erbrachten direkte Spenden knapp 1.500 Euro, Kollekten 2.700 Euro und Sachleistungen und Lieferantenspenden 1.055 Euro. Die Kosten konnten mit den Gesamteinnahmen in Höhe von 5.255 Euro somit gedeckt werden. Die knappe Vorbereitungszeit hatte zwei positive Effekte. Zum einen sind die Gesamtkosten dadurch relativ niedrig geblieben. Zum anderen war die Motivation der Mitarbeiter über den gesamten Zeitraum sehr hoch.

Wegen der guten Erfahrungen wurde 2004 das ebenfalls von ProChrist angebotene Projekt

JesusHouse2004, das ausschließlich für Jugendliche ab 14 Jahre angeboten wurde, durchgeführt und 2005 beteiligte sich Maria Frieden an dem ProChrist-Projekt *Die Kleinste Kirche der Welt – ProChristMobil*, um im Jahre 2006 dann auch wieder an *ProChrist 2006* teilzunehmen. Alle vier Projekte wurden zu 90 Prozent durch Fundraising finanziert.

In einer umfangreichen Dokumentation können neben Fotos auch Informationsgrafiken Sinn ergeben.

Sponsoring

Es gibt verschiedene Möglichkeiten, Sponsoren für ein solches Ereignis zu suchen. Fragen Sie dafür als erstes Ihre Vorstandsmitglieder, Vereins- oder Gemeindeglieder, Mitarbeiter, Bekannte und Freunde nach Unternehmen, die als Sponsoren in Frage kommen könnten. Private und persönliche Kontakte sind wichtiger und erfolgsversprechender als portointensive und unpersönliche Kontaktversuche. In jedem Fall gilt, dass Sie zunächst weniger von *Sponsoring*, als viel besser von Werbemöglichkeiten sprechen sollten.

Viele Firmen sehen sich heute der Situation gegenüber, dass sie ihre Zielgruppen und möglichen Kunden durch die klassischen Werbemethoden immer weniger erreichen.

Sponsoring bietet besonders den regionalen Unternehmen die Möglichkeit werbewirksam zu agieren und ihr Image in räumlicher Nähe zu verbessern.

Sponsoring ist daher ein sehr geeignetes Mittel zur Unternehmensprofilierung, da es als Kommunikationsinstrument neue Zielgruppen (z.B. Gemeindemitglieder) außerhalb einer kommerziellen Umgebung anspricht.

Natürlich gibt es auch Firmeninhaber, deren oberste Priorität es ist, sich in ihrer Gemeinde und der Gesellschaft zu engagieren. Wirtschaftliche und werbemäßige Vorteile treten bei diesem Personenkreis in den Hintergrund.

Allerdings sollte man sich nicht auf vermutete Einnahmen durch Sponsoring verlassen. Hier heißt es, vor allen Dingen vorher gut zu recherchieren, ausreichend Zeit für den entsprechenden Vorlauf der Akquise einzuräumen und eine realistische Einschätzung des Unterstützungspotenzials in die Kalkulation einbeziehen. Besonders die Akquise von Unternehmen als potenzielle Sponsoren für neue Projekte ist äußerst zeitintensiv. Selbstverständlich hat man eine ganze Reihe von Mitbewerbern aus dem Non-Profit-Bereich. Professionalität im Bereich Sponsoring ist unbedingt notwendig.

Zielgruppen:

- Kleine, mittlere bis große regionale und überregionale Unternehmen

Spendenmotiv:

- Steigerung des Bekanntheitsgrades des Unternehmens
- sozial-karitatives Engagement
- Imagetransfer
- Erschließung von neuen Zielgruppen
- Produktpräsentation

Aufwand:

- Erstellung der Sponsorenskizze
- Recherche und Kontaktaufnahme mit potenziellen Unterstützern
- professionelle Nachfasstelefonate müssen geführt werden

Nutzen:

- Erschließung von Geldmitteln
- Erhöhung des eigenen Bekanntheitsgrades und Imagetransfers
- viele wertvolle Kontakte zu Firmen
- institutionsinterne Professionalisierung und damit Erzielung von Nachhaltigkeit für folgende Projekte

zu beachten:

- Sponsoring ist eine Aktivität im wirtschaftlichen Geschäftsbereich und somit steuerpflichtig. Rechtliche Rahmenbedingungen vor Projektbeginn klären und in die Projektplanung mit einbeziehen.
- Der Sponsoringvertrag sollte von einem Anwalt geprüft sein.
- Sponsoringaktivitäten müssen insbesondere für größere Firmen möglichst langfristig angekündigt und geplant werden.
- Es sollten verschiedene *Pakete* für Sponsoringmöglichkeiten unterschiedlicher Größe angeboten werden – je werbewirksamer desto teurer.

Pfarrgemeinde Guter Hirt, Hildesheim

Spendet ein, zwei, viele Essen

Diakon Wilfried Otto

„Bei einem langjährigen Projekt besteht die besondere Herausforderung darin, gleichbleibend gute Arbeit zu leisten und immer wieder mit neuen Highlights auf sich aufmerksam zu machen. Bisher ist uns das gut gelungen."

Idee

Die katholische Pfarrgemeinde *Guter Hirt* bietet seit 1991 in einem sozialen Brennpunkt von Hildesheim einen Mittagstisch für bedürftige Menschen an. Aus dem Projekt *Sozialer Mittagstisch* entwickelte sich in den vergangenen Jahren weitere Angebote wie z. B. eine Kleiderkammer, Alphabetisierungskurse, ein Sozialkaufhaus, Begleitung bei Behördengängen u. a für Menschen am Rande von Kirche und Gesellschaft entwickelt.

An 365 Tagen im Jahr besteht ein konstantes Angebot für eine warme Mahlzeit gegen eine Spende von 50 Cent. Das Angebot wird von über hundert Menschen täglich in Anspruch genommen, darunter viele Kinder, die so ihre einzige warme Mahlzeit am Tag bekommen.

Der *Soziale Mittagstisch* erhält regelmäßig einen Zuschuss vom Bischöflichen Generalvikariat für zwei Zivildienstplätze. Die Pfarrgemeinde stellt die Räumlichkeiten kostenlos gegen Erstattung der Nebenkosten zur Verfügung. Die Stadt Hildesheim und der Gesamtverband der katholischen Kirchengemeinden fördern das Projekt ebenfalls. Hinzu kommt die Mitarbeit von Ehrenamtlichen, die zum Teil auch aus dem Kreis der Gästen sind. Dennoch müssen 75 Prozent der Kosten, rund 70.000 Euro jährlich, durch aktives Spendensammeln erbracht werden. Dabei ist ein ganzer Strauß

von Aktionen und Aktivitäten notwendig, um das Projekt auf eine gesicherte Basis zu stellen.

Durchführung IIIIIIIIIIIIII

Der *Soziale Mittagstisch* lebt vor allem von Lebensmittelspenden. Einige Bäcker und Lebensmittelgeschäfte der Stadt gehören zu den regelmäßigen Spendern. Aber auch die Mithilfe der Bevölkerung ist notwendig, um das Projekt zu sichern. Dazu wurden und werden immer wieder neue Anspracheformen und Aktionen entwickelt. So wurden Menschen z. B. mit dem Spruch *Kauf ein Pfund mehr* aufgefordert, von einem Lebensmittel, das sie selbst benötigen, etwas mehr zu kaufen und es sonntags in die bereitstehenden Körbe in bestimmten Kirchen abzulegen. Dort holten es ehrenamtliche Mitarbeiter des *Sozialen Mittagstisch*, die die gesamte Logistik leisten, ab. Aber auch die vielfältigen Materialspenden, vom Geschirr einer Haushaltsauflösung bis zum neuen Industrieherd einer ortsansässigen Firma, sind wichtige Sachspenden.

Regelmäßig werden Veranstaltungen wie Flohmarkt, Bazar oder Konzerte durchgeführt. Der *Soziale Mittagstisch* gestaltet auch Veranstaltungen, wie zum Beispiel Empfänge oder den Kirchentag in der Stadt, indem er die Bewirtung übernimmt. Die auf diese Weise erzielten Erlöse werden dem Projekt wieder zugeführt. Solche Aktivitäten sind für die Öffentlichkeitsarbeit ein wichtiges und ergänzendes Element.

Neben der kontinuierlichen Spenderanfrage gibt es zu außerordentlichen Anlässen – wie größeren Anschaffungen oder Engpässen im Budget – besondere Spendenaufrufe an Einzelpersonen, Firmen und Institutionen. Dabei werden oftmals einzelne Aktionen zu speziellen Anlässen durchgeführt. So wurden z.B. für die Neuanschaffung eines Lieferwagens Modellautos verkauft. Durch solche Aktionen wird immer wieder aufs Neue Öffentlichkeit für das Projekt geschaffen und die Spendenbereitschaft gefördert.

Jeder Spender bekommt ein persönliches Dankschreiben und eine Zuwendungsbescheinigung. Am Ende eines Jahres werden alle Spender über die Entwicklung des Projektes informiert und um weiteres Engagement gebeten.

Erfolg ||||||||||||||| Das Projekt erhält jährliche Zuwendungen in Form von Spenden (auch Kollekten), Lieferantenspenden und Sachleistungen im Umfang von ca. 70.000 Euro. Aufgrund der vielen Jahre erfolgreicher Arbeit und der kontinuierlichen guten Öffentlichkeitsarbeit ist der *Soziale Mittagstisch* eine bekannte Größe in Hildesheim. Die Gäste fühlen sich aufgehoben und ihre Not wird ganz konkret gelindert. Durch die intensive Arbeit des *Sozialen Mittagstischs* wird nicht zuletzt auch die christliche Botschaft auf klare Weise wieder im Bewusstsein der Gesellschaft verankert.

Perspektiven ||||||||||||||| Gerade bei einem langjährigen Projekt wie diesem besteht die besondere Herausforderung darin, gleichbleibend gute Arbeit zu leisten und immer wieder mit neuen Highlights auf sich aufmerksam zu machen. Nur so gelingt es, das Interesse der Öffentlichkeit wachzuhalten, bestehende Spender zu binden und neue zu finden. Das breite Spektrum an Aktivitäten hilft, das Interesse von ganz unterschiedlichen Unterstützergruppen anzusprechen. Außerdem wurde erst durch das Zusammenwirken der vielfältigen Maßnahmen (hier wurden nur einige geschildert) eine stabile Finanzierung der Einrichtung über die lange Zeit ihres Bestehens ermöglicht.

Sachspenden

Das Beispiel der Pfarrgemeinde *Guter Hirt* in Hildesheim zeigt, dass sowohl die Anlässe für Sachspenden als auch die Zielgruppen für die jeweilige Aktion sehr differieren können. Es zeigt weiterhin, dass Menschen eher bereit sind sich mit einer Sachspende zu engagieren, als Geld zu spenden. Dies hat eine ganze Reihe von Ursachen. Ein Faktor für die Beliebtheit von Sachspenden ist die Transparenz durch den relativ feststehenden Verwendungszweck. Statt anonym Geld zu spenden und sich darauf zu verlassen, dass die Kirchengemeinde schon das Richtige damit tut, weiß man, dass man mit der Spende von Lebensmitteln oder Winterbekleidung Menschen vor dem Hungern oder Frieren bewahrt hat.

Die Hürde für eine Sachspende ist niedriger als die für eine Geldspende. Sachspender sind häufig Mehrfachspender und bei guter Bindungsarbeit dann auch Geldspender. Die Gefahr beim Akquirieren von Sachspenden besteht darin, dass der logistische und administrative Aufwand schnell den Gegenwert der gesammelten Sachspenden übersteigen kann. Das Einwerben von Sachspenden ist in der Regel eine von mehreren Strategien im Rahmen einer Spendenkampagne.

Zielgruppen:

- Privatpersonen
- Einzelhandel

Spendenmotiv:

- Alternative zur Geldspende
- Freude daran, bestimmte Dinge wiederverwertet zu sehen (Nachhaltigkeit)

Aufwand:

- hoher logistischer Aufwand und sehr zeitintensiv

Nutzen:

- Die Bitte um eine Sachspende wird eher positiv beantwortet als die um eine Geldspende.
- Sachspender sind schneller zu erneutem Engagement bereit.
- Sachspenden lassen sich ggf. über Verkauf oder Versteigerung in Bargeld umwandeln.

zu beachten:

- Der logistische und administrative Aufwand kann schnell den Gegenwert der gesammelten Sachspenden übersteigen.
- Das Einwerben von Sachspenden ist oftmals nur als zusätzliche Option innerhalb einer Spendenkampagne sinnvoll.

Magdalenenhof – Caritas Senioren- und Pflegeheim, Hildesheim

Neues Leben in einem alten Garten

Michael Sackmann ||| Geschäftsführer ||||||||||||

„Freiwillige Helfer kommen nicht von selbst. Wir mussten und müssen uns aktiv um sie bemühen, sie langfristig begeistern und ihnen unsere Wertschätzung zeigen."

Idee |||||||||||||||

Der Magdalenengarten gehört zu den ältesten angelegten Gärten der Stadt Hildesheim und ist von großem kulturhistorischem Wert. Allerdings ist die Anlage, die inzwischen zum Alten- und Pflegeheim des Caritasverbandes gehört, in der Vergangenheit mehrmals umgestaltet und schließlich sogar vernachlässigt worden. Die Leitung des Heims wollte diesen Zustand beenden und die Anlage sollte ihre einstige Pracht wieder entfalten und von den Heimbewohnern sowie allen anderen Hildesheimern genutzt werden können.

Dazu waren jedoch arbeits- und kostenintensive Gestaltungs- und Pflegemaßnahmen nötig.

Die angestrebte Wiederherstellung des Magdalenengartens nach historischem Vorbild sollte 146.000 Euro kosten. Ein Betrag von knapp 54.000 Euro war als Eigenkapital vorhanden. Die Leitung des Alten- und Pflegeheims stand also vor der Herausforderung mehr als 90.000 Euro einzuwerben. Sehr viel Geld ließe sich jedoch sparen, wenn bestimmte Arbeiten durch Ehrenamtliche übernommen werden würden. Die Strategie zur Wiederherstellung des historischen Gartens fußte darum auf der Ansprache von institutionellen Förderern und auf der Gewinnung ehrenamtlicher Mitarbeit.

Der richtige Fundraisingmix lässt auch große Projekte erblühen.

Durchführung

Ein Grundstein der Finanzierung wurde mit 73.664 Euro aus einem Förderprogramm des Amtes für Agrarstruktur gelegt. Damit sank der Bedarf an einzuwerbenden Mitteln gleich zu Beginn der Aktion drastisch. Beflügelt von dieser Erfolgsnachricht wurden von den verantwortlichen Mitarbeitern noch weitere Anträge bei verschiedenen Stiftungen gestellt. Eine weitere Zusage über 10.000 Euro erteilte daraufhin die Niedersächsische Lottostiftung. Um die noch fehlenden Mittel einzuwerben wurde ein Spendenaufruf an Freunde und Geschäftspartner der Einrichtung gestartet. Auf diese Weise kamen bis Oktober 2003 noch weitere 8.440 Euro zusammen.

Eine besondere Gabe, die aus der Wildnis einen Rosengarten machte, kam von einem der renommiertesten Rosenzuchtbetriebe Europas: Das Unternehmen spendete 1.000 Rosen.

Der besondere Schwerpunkt der Fundraising-Aktivitäten lag, vor allem mit Blick auf den langfristigen Pflegebedarf, auf ehrenamtlichem Engagement. Die Freiwilligen wurden dabei sowohl durch eine aktive Öffentlichkeitsarbeit sowie durch persönliche Ansprache gewonnen. Dabei erwiesen sich besonders Schulklassen als exzellente Kooperationspartner. Die Schüler übernahmen die Patenschaft für bestimmte Abschnitte des Gartens und brachten diese wieder zum Blühen. Doch auch andere Initiativen und Gruppen, wie z. B. Mitglieder bestimmter Gemeinden, mehrere Senioren und vor allem die Mitglieder der ortsansässigen Serviceclubs, erklärten sich zum *Arbeitseinsatz* mit Gartenschere und Schubkarre bereit.

Bei all diesen Aktionen wurden die lokalen Medien von den Verantwortlichen kontinuierlich mit einbezogen. Nicht zuletzt deshalb fand die Vorstellung vom wiederentdeckten Gartenparadies in der lokalen Presse ein gutes Echo. Die verschiedenen Aktionen der Schulen, öffentliche Begehungen oder die Entdeckung seltener Pflanzen wurden in ausführlichen Berichten besprochen, was wiederum erneut Unterstützungsangebote nach sich zog.

Erfolg

Neben der Akquise von mehreren 10.000 Euro ist insbesondere die ehrenamtlich geleistete Arbeit der vielen freiwilligen Helfer erwähnenswert. Durch diese Arbeit wurden Mittel für die Beschaffung von Pflanzen und Material frei, sodass sich das Ergebnis heute noch beeindruckender präsentiert, als in der ursprünglichen Planung vorgesehen. Insgesamt wurden in der Anfangsphase mehr als 1.100 Arbeitsstunden von Freiwilligen geleistet. Dazu kommen noch die ungezählten Stunden, die seitdem für die kontinuierliche Pflege des Gartens aufgebracht wurden, denn das Projekt läuft noch immer.

Perspektiven

Ein Garten ist niemals fertig. Für die Zukunft soll die Zusammenarbeit mit den Schulen weiter fortgesetzt und wenn möglich sogar intensiviert werden. Auch die nachhaltige Unterstützung seitens der Wohltätigkeitsclubs soll durch den fortgeführten Kontakt gesichert werden.

Zur längerfristigen und planbaren finanziellen Absicherung der Pflege des Gartens wurde ein Freundes- und Förderkreis gegründet.

freiwillige Helfer

Manche Organisationen gehen davon aus, dass Freiwillige von selbst kommen. Dies ist ein Irrtum, denn der relativ geringe Bevölkerungsanteil, der sich ehrenamtlich engagiert, kann zwischen vielen Organisationen und Tätigkeiten auswählen. Wer also wirklich an freiwilligen Mitarbeitern interessiert ist, muss sich aktiv um sie bemühen, also entsprechende Kommunikationsmaßnahmen starten. Bei diesem Prozess sollte versucht werden, über den Kreis der bisher Engagierten hinauszuschauen und an solche Personen zu denken, die der Sache nahe stehen (könnten), aber noch nicht angesprochen worden sind. Eine einfache Grundregel könnte somit lauten: Ohne vorausschauend geplantes und gut organisiertes Engagement – keine Freiwilligen.

Wichtig ist hier vor allem, bereits die im Vorfeld anstehenden Aufgaben deutlich zu benennen und Stellenbeschreibungen für Freiwillige zu entwickeln. Ebenso sollten die Verbindlichkeiten, Grenzen und Pflichten, aber auch die Freiräumen und Gestaltungsmöglichkeiten für die zukünftig Engagierten klar herausgestellt werden. Nicht zu vernachlässigen ist der Zeitaufwand, der in einem Vorgespräch realistisch eingeschätzt und benannt werden sollte, sodass interessierte Freiwillige wissen, auf welche zeitliche Verpflichtung sie sich einlassen. Und nicht zuletzt ist zu beachten, dass kontinuierliche Begleitung, Einarbeitung und fachliche Unterstützung von Professionellen wesentliche Bedingungen dafür sind, dass die Fähigkeiten, Begabungen und Talente der Freiwilligen voll genutzt werden können und die Institution Freiwillige, Kooperationspartner und Spender langfristig begeistert.

Zielgruppen:

- Personen mit einem persönlichen Bezug zum Thema
- Personen mit Zeit und dem Willen etwas freiwillig zu tun

Spendenmotiv:

- das Gefühl durch persönliches Engagement etwas bewegen zu können
- Suche nach Gemeinschaft
- Affinität zum Projekt
- räumliche Nähe
- ehrenamtliches Engagement als Baustein für die berufliche Karriere

Aufwand:

- Besonders am Anfang ist der Betreuungsaufwand sehr hoch, eine kontinuierliche Begleitung ist während des gesamten Projektverlaufs zu gewährleisten.
- Erst bei einem ausreichend großen Stamm an Freiwilligen kann auch deren Betreuung z.T. durch Ehrenamtliche erfolgen.

Nutzen:

- Durch Freiwillige können seitens der Organisation zusätzlich Dienstleistungen angeboten werden, die ansonsten unbezahlbar wären
- Jeder Freiwilliger ist ein Multiplikator, durch den weitere Freiwillige, Kooperationspartner und Spender gewonnen werden können

zusätzliche Kosten:

- Versicherung der Ehrenamtlichen über die Organisation
- Aufwands- oder/und Fahrtkosten-Zuschuss

zu beachten:

- Einsätze von Freiwilligen müssen gut koordiniert werden.
- Dabei ist sicherzustellen, dass das Aufgabenprofil den Fähigkeiten und Kapazitäten des Freiwilligen entspricht und zur kontinuierlichen Mitarbeit motiviert.
- Ehrenamtliche sollten spürbare Wertschätzung, die ihren Bedürfnissen und ihrem Alter entsprechend von Seiten der Organisation regelmäßig erfahren (mind. Einladung zur Weihnachtsfeier oder zum Sommerfest).

Haus Wohldenberg,
Jugendbildungsstätte des Bistums Hildesheim

Neubau mit Tradition

Pfarrer Martin Tenge /// Diözesanjugendseelsorger ///

„Einer der wichtigsten Schritte für die „Grundsteinspender-Aktion“ war die gezielte Suche nach Menschen, die eine hohe Bindung und Identifikation mit dem Wohldenberg haben. Die angesprochenen Personen waren schnell begeistert und ihr Engagement für den Wohldenberg – nicht nur was ihre Spendenbereitschaft anging – war einfach großartig.“

Idee ///////////////

Seit über 60 Jahren treffen sich junge Christen auf dem *Wohldenberg*. Viele Menschen im Bistum Hildesheim verbinden eigene Jugenderinnerungen mit der schon 1946 gegründeten Jugendbildungsstätte auf dem Wohldenberg bei Holle im Hildesheimer Land. Sie ist die zentrale Bildungsstätte des Bistums Hildesheim und des Bundes Deutscher Katholische Jugend (BDKJ). Neben der Aus- und Weiterbildung von Gruppenleitern sowie der Förderung und Qualifizierung ehrenamtlicher Jugendlicher steht der Gebäudekomplex mit seinen insgesamt 120 Betten auch für Schulfreizeiten, Kongressen und Tagungen zur Verfügung. Jährlich werden heute über 20.000 Kinder, Jugendliche und Erwachsene beherbergt. Das Hubertushaus, in dem die meisten Gäste übernachten, zeigte starke bauliche Mängel. Eine Sanierung war unter wirtschaftlichen Gesichtspunkten nicht mehr sinnvoll. Unter Berücksichtigung aller Sparzwänge wurde die Entscheidung gefällt, das Gebäude abzureißen und einen zeitgemäßen Neubau zu errichten. In einem Architektenwettbewerb wurde ein Entwurf gewählt, der barrierefreien Zugang bietet und unter ökologischen Gesichtspunkten bewirtschaftet werden kann.

Die Finanzierung von rund 2,5 Millionen Euro wurden über einen Zuschuss von 150.000 Euro und einem rückzahlbaren Vorschuss von 750.000 Euro durch das Bistum Hildesheim sowie Mittel des Bonifatiuswerks der Katholiken in Höhe von 576.000 Euro angestoßen. Über eine Fundraisingaktion sollten weitere 100.000 Euro eingeworben werden. Der Rest sollte durch Fördermittel von Land und Stiftungen sowie durch Eigenmittel der Jugendbildungsstätte aufgebracht werden. Kollektensammlungen sollten die Finanzierung begleiten.

Viele Grundstein-Spender feiern mit Bischof Norbert Trelle die feierliche Grundsteinlegung.

Durchführung IIIIIIIIIIIIIII

Gemeinsam mit dem Fundraisingbüro machten sich Diözesanjugendseelsorger Pfarrer Martin Tenge und der Hausleiter Herbert Bönisch Gedanken und entwickelten die Kampagne *Grundstein-Spender*. Ziel der Fundraisingaktion war es, Multiplikatoren zu gewinnen, die bereit sind in ihrem Freundes- und Verwandten- oder Bekanntenkreis 1.000 Euro zu sammeln. Zur Unterstützung wurden zwei verschiedene Flyer erstellt. Zum einen der Flyer *Grundstein-Spender* als Informationsflyer für potenzielle *Grundstein-Spender* und zum anderen der Flyer *Auf Jugend bauen* als Informationsflyer für die Spender. Mit einer Telefonaktion von Pfarrer Tenge und Herrn Bönisch, für die das Fundraisingbüro einen Telefonleitfaden entwarf, wurden rund

300 Adressaten angesprochen. Außerdem wurden alle Dechanten des Bistums Hildesheim persönlich angeschrieben. Durch diese verzahnte Akquise sagten 21 Personen Spenden in Höhe von 31.000 Euro zu.

Der Personenkreis der Ehemaligen, der rund 100 Adressaten umfasste, wurde mit einem Begleitbrief des Diözesanjugendseelsorgers gesondert angeschrieben. Außerdem wurde während der Ehemaligen-Treffen auf dem Wohldenberg über zwei Jahre lang um *Grundstein-Spender* geworben.

Zur Begleitung der Fundraisingaktivitäten wurden in der Kirchenzeitung zwei *Grundstein-Spender* vorgestellt und für die Aktion noch einmal deutlich geworben. Außerdem wurden alle *Grundstein-Spender* alle acht bis zwölf Wochen in einem Newsletter mit aktuellen Informationen über den Neubau und die Spendenaktionen auf dem Laufenden gehalten. Der BDKJ wurde schließlich auch *Grundstein-Spender.* So wurde die Kollekte der Chrisam-Messe mit rund 2.500 Euro dem Haus Wohldenberg gespendet.

Erfolg

Durch die abgestimmten Aktionen konnten bereits nach sechs Monaten 96 *Grundstein-Spender* gewonnen werden. Zu diesem Zeitpunkt waren bereits 50.000 Euro auf dem Spendenkonto eingegangen. Es zeigte sich, dass der Kreis der Ehemaligen mit seiner starken Verbundenheit zum Wohldenberg ein außergewöhnlich starkes Engagement entwickelte. Ca. 100 Ehemalige spendeten insgesamt 13.000 Euro.

Perspektiven

Ein großes Bauvorhaben, mit dem die Herzen von potenziellen Spendern normalerweise schwer zu erreichen sind, kann mit dem professionellem Fundraising durchaus ein großer Erfolg werden. Die gute Verzahnung von zeitlich abgestimmter Pressearbeit, umfangreicher Stiftungsmittelakquise, zielgruppenspezifischem Informationsmaterial, gut vorbereiteten Kollekten, persönlicher Ansprache mit dem Projekt Verbundener und die Gewinnung von Multiplikatoren kann so Ihre Wirkung voll entfalten. So konnten schließlich alle Beteiligten die Grundsteinlegung für den Neubau durch Bischof Norbert Trelle als Abschluss der Spendenaktion und als Start in eine gute Zukunft des Hauses Wohldenberg feiern.

Spender suchen Spender

Die Idee, erst einmal Multiplikatoren für ein Projekt zu gewinnen, die dann ihrerseits für eine festgelegte Spendensumme einstehen, erfordert Mut, Zuversicht und ein hohes Maß an Engagement bei allen Beteiligten. Es gilt, hier verschiedene Zielgruppen in ihren Bedürfnissen zu verstehen und differenzierte Informationsmaterialien zu erstellen. Die Fürsprecher müssen als erstes selbst von der Relevanz des Projekts überzeugt werden. Es ist wichtig, ihnen Materialien an die Hand zu geben, mit denen sie ihrerseits für das Projekt werben können.

Sie sollen sich selbst als Teil der Aktion verstehen, denn sie treten nach außen als die Vertreter des Projekts auf. Das verlangt regelmäßige Information über den Fortgang und individuelle Betreuung durch einen erreichbaren Ansprechpartner.

Von Vorteil ist es, wenn die Möglichkeit besteht, Menschen anzusprechen, die auf ihrem persönlichen Lebensweg mit dem Projekt Berührung hatten. Am besten wird diese Gruppe ohnehin in einem Ehemaligenprogramm (Alumni) betreut. Projekte mit einer gewissen gesellschaftlichen Relevanz bieten eine gute Voraussetzung, nahestehende Menschen nicht nur persönlich um Spenden, sondern um ein Engagement als Fürsprecher im Freundes- und Bekanntenkreis zu bitten. Nicht selten entwickeln sich hier ungeahnte Kräfte und Initiativen, mit deren Eigendynamik es sensibel umzugehen gilt.

besonders geeignet:

- gesellschaftlich relevante Projekte
- Projekte, zu denen die Multiplikatoren einen persönlichen Bezug haben

Nutzen:

- Bindung von Ehemaligen, Freunde und Förderern
- Engagement der Multiplikatoren entlastet das Fundraisingteam
- Bislang unzugängliche Menschen können über die Multiplikatoren gewonnen werden.

Aufwand:

- intensive Betreuung der Multiplikatoren vor und während der Spenden- und in der Dankphase
- differenzierte Informationsmaterialien nötig

zu beachten:

- Multiplikatoren werden Teil des Projekts, wichtig in der Innen- und Außenkommunikation.
- verlässlicher Ansprechpartner für die Multiplikatoren nötig

Tipp

- Binden Sie *Ehemalige* ein indem Sie auf den persönlichen Nutzen des Projekts für deren Lebensweg hinweisen, den es jetzt anderen zu ermöglichen gilt.
  Geben Sie den Multiplikatoren ein Forum auf der Eröffnungsveranstaltung.

Katholische Hochschulgemeinde, Hildesheim

Heimat für Fremde

Thomas Harling III **Leiter** IIIIIIIIIIIIIIIIIIIIIIIIIII

„Ehrenamtliche in unser Fundraising einzubeziehen war für uns alternativlos. Ob beim persönlichen Ansprechen oder beim Organisieren einzelner Fundraising-Aktivitäten. Erfolgreiches Fundraising ist das Ergebnis eines gelungenen Zusammenwirkens zwischen Hauptamtlichen und freiwilligen Aktiven."

Idee

IIIIIIIIIIIIIII Die Katholische Hochschulgemeinde in Hildesheim (KHG) hatte einen Keller – unbeachtet, dunkel, klamm, vernachlässigt. Hier fanden nur gelegentlich Partys oder Kunstaktionen statt, bei denen man keine Rücksicht auf Sauberkeit und Ordnung nehmen wollte. Dieser Keller sollte nun für die Angebote der KHG und der Evangelischen Studentengemeinde (ESG) nutzbar gemacht werden, weil beide Gruppen dringend weitere Räume benötigten. Schnell war klar, dass ein paar Eimer Farbe und etwas guter Willen hier nicht mehr weiterhelfen würden. Wände mussten eingerissen und gesetzt, elektrische Leitungen verlegt, Toiletten installiert, Böden aufgebaut und Türen erneuert werden. Die Kalkulation des Architekten für diese Arbeiten wies einen Betrag von 100.000 Euro auf. Das Bistum Hildesheim konnte hierfür kein Geld bereitstellen. Auch die KHG hatte aufgrund ihrer überwiegend studentischen Zusammensetzung weder Mittel aus Erbschaften wohlhabender Gemeindemitglieder noch Handwerker, Unternehmer oder Banker, die für die eigene Gemeinde um Unterstützung gebeten werden konnten. So wurde alle Hoffnung in die Möglichkeiten des Fundraising gelegt.

Öffentlichkeitsarbeit und ehrenamtliche Arbeit brauchen gute Betreuung.

Durchführung

Eine kleine Gruppe wollte aktiv ein Jahr lang gemeinsam mit zweieinhalb evangelischen bzw. katholischen hauptamtlichen Stelleninhabern und drei Studentinnen Fundraising betreiben. Es war schwierig, weitere Begeisterte zu finden. Selbst bei einem Workshop zum kleinen Einmaleins des Fundraisings fanden sich unter den Teilnehmern keine Mitstreiter aufgrund der Aussage, man wolle einen Keller renovieren. Die Fragen nach dem Selbstverständnis, dem Warum, Wofür und für Wen, mussten beantwortet werden um die *Mission* und das Leitbild zu finden, die Grundlage und der Ausgangspunkt für Fundraising generell. Die Beschäftigung mit den Hintergründen, den geplanten Aktivitäten, die mehr Raum benötigten, machte bewusst, dass es nicht um eine Kellerrenovierung ging, sondern um die Gründung eines Forums für Internationales und Kultur. Der Name *Kolja* nach dem Titel eines preisgekrönten Films über Heimat, Fremdsein, Kultur, Musik und Poesie wurde schnell gefunden.

Erfolg IIIIIIIIIIIIII

Ein Fundraising-Gremium wurde gegründet. Für einen Großteil des benötigten Know-hows und der Umsetzung in die Praxis konnten in der Folge ehrenamtlich Mitarbeitende gewonnen werden. Eine Innenarchitektin zeichnete überzeugende Pläne. Die ausgeschriebene ehrenamtliche Stelle für das Design nahm eine Grafik-Design-Studentin an und entwarf Flyer, Einladungskarten, Plakate und die Homepage. Schließlich konnte eine Dame, die seit Jahrzehnten Gasthörerin und Wohltäterin der Universität war, als Schirmherrin für das Projekt gewonnen werden. Ihre großzügigen Spenden und guten Kontakte halfen bei der Ansprache potenzieller Spender entscheidend weiter. Die Aktiven bildeten sich in den Bereichen Stiftungsfundraising und Öffentlichkeitsarbeit weiter, stellten Anträge, machten Besuche und warben intensiv für das Projekt. Dabei wurde sowohl interne Kommunikation (Wohnheime, ESG/KHG) als auch externe Kommunikation (Hildesheimer Kirchen, Landeskirche und Bistum sowie Stadtöffentlichkeit) betrieben. Trotzdem blieben auch schwierige Phasen mit stagnierenden Spendeneingängen und schwindender Motivation nicht aus. Doch immer fanden sich wieder neue Ideen, neue Helfer für die Baustelle und neue Spender, die dem Glauben an den Erfolg des Projekts weiterhin Kraft gaben.

Perspektiven IIIIIIIIIIIIII

Einiges wandelte sich im Laufe des Projekts. Es dauerte zwei Jahre statt wie geplant ein Jahr. Aus der Renovierung eines Kellers wurde die Errichtung eines Forums für Internationales und Kultur. Das Bitten allein um Geld wurde zum Bitten um Unterstützung – mit Geld, mit Rat, mit Kontakten und mit praktischem Engagement. Aus studentischen Helfern unterschiedlicher Nationalität auf der Baustelle wurden die Gastgeber der Eröffnungsfeier. Sie waren die ersten, die die Mission von *Kolja* mit Leben füllten. Aus ehrenamtlichen Helfern wurden Engagierte, die in hohem Maße eigenverantwortlich zum Gelingen des Projektes beitrugen. Aus hochmotivierten Aktiven wurden Fundraiser, die bei aller Struktur und Planung auch mit Rückschlägen umzugehen wussten.

ehrenamtliche Arbeit

Im kirchlichen Bereich hat ehrenamtliche Mitarbeit eine lange Tradition. Das bedeutet aber nicht, dass man sich über die Bedürfnisse und Betreuung von Ehrenamtlichen keine Gedanken mehr zu machen braucht. Menschen wählen sich selbstbewusst Betätigungsfelder für ihre freie Zeit. Es soll ihnen Spaß machen. Sie wollen mitbestimmen und wünschen sich klare Rahmenbedingungen. Nötig sind darum neue Strategien zur Ansprache und Werbung neuer Freiwilliger, kompetente Begleitung und geeignete Fortbildungen. Bei allen Ehrenamtlichen sollte die Wertschätzung der jeweiligen Leistung und eine angemessene Anerkennung (z. B. in Form eines Dankessens) selbstverständlich sein. Zeigen Sie Ihren Ehrenamtlichen durch regelmäßige positive Beurteilung ihrer Arbeit, wie wichtig Ihnen ihr Einsatz ist und bieten Sie ihnen damit zugleich eine Lernchance, denn ein wichtiges Motiv für ehrenamtliches Engagement ist die Verbesserung der eigenen Kompetenzen.

besonders geeignet:

Fundraising ist für Ehrenamtliche durchaus attraktiv, denn die Aufgaben lassen sich nicht nur relativ gut abgrenzen, sondern sie bringen direkte Erfolgserlebnisse mit sich.

Nutzen:

- Durch den Einsatz von Ehrenamtlichen können nach der Einarbeitungszeit Aufgaben delegiert und eigene Zeit und Ressourcen gespart werden.
- Einerseits erhöhen Ehrenamtliche die personelle Kapazität im Fundraising-Bereich, andererseits gewinnt man mit ihnen Menschen, die Zugang zu neuen Förderern und Personenkreisen eröffnen.

Aufwand:

- Bedarfsanalyse: Welcher Bedarf an Ehrenamtlichen besteht überhaupt und welche Tätigkeiten sollen ihnen übertragen werden?
- Entwicklung von Tätigkeits- und Anforderungsprofilen.
- Wer wirklich an ehrenamtlichen Mitarbeitern interessiert ist, muss sich aktiv um sie bemühen, also entsprechende Kommunikationsmaßnahmen starten (persönliche Ansprache, Imagebroschüre, Berichte in den Medien, Veranstaltungen wie Tag der offenen Tür, Präsentationen anlässlich z. B. von Stadtfesten).
- Es ist wichtig, in die Qualifizierung von Ehrenamtlichen zu investieren, indem ihnen Fortbildungsmöglichkeiten eröffnet werden.

zu beachten:

Mit der Ressource *ehrenamtliches Engagement* muss sorgsam umgegangen werden. Personen, die ehrenamtliche Aufgaben übernehmen, verdienen regelmäßigen Dank und Anerkennung für ihre Arbeit.

Tipp

Nehmen Sie Ehrenamtliche als Teil Ihrer Organisation ernst. Anregungen und Ideen aus dieser Gruppe bedürfen besonderer Beachtung. Halten Sie Ihre Ehrenamtlichen über alle wichtigen Ereignisse, Statements und Entwicklungen Ihrer Organisation und des von ihr vertretenen Anliegens auf dem Laufenden.

Fundraising sollte immer ein Gewinn für alle Beteiligten sein!

Reimund Wolf /// Fundraisingbüro

Weitermachen

Fundraisingbüro

Literaturempfehlungen

Sponsoren

Impressum

Das Fundraisingbüro Bistum Hildesheim

Geschäftsfelder und Arbeitsweise

Im *Geschäftsfeld 1* hat das Fundraisingbüro den Auftrag, alle Einrichtungen des Bistum Hildesheim, Kirchengemeinden, Caritas, stationäre und ambulante Stellen im Bistum Hildesheim beim Aufbau von Fundraising zu beraten und zu unterstützen. Dabei wird mit den Verantwortlichen eine gemeinsame Sicht auf die Möglichkeiten gesucht und ein Handlungsplan zum weiteren Vorgehen und für erste Fundraisingprojekte erarbeitet. Hier bietet das Fundraisingbüro seine Consultingdienste an – innerhalb dieses Auftrages für die Einrichtungen des Bistums Hildesheim kostenfrei.

Im *Geschäftsfeld 2* werden mit den Einrichtungen des Bistums Hildesheim die Projekte im operativen Fundraising umgesetzt. Hier bringt das Fundraisingbüro seine Möglichkeiten zur vollen Geltung, sei es bei der Aktionsplanung, Mediaplanung, Datenbankarbeit oder anderen Instrumenten und Ebenen des Fundraisings. In diesem Geschäftsfeld arbeitet das Büro als Agentur gegen Erstattung des Aufwandes zu für die Einrichtungen des Bistums Hildesheim reduzierten Sätzen. Es verfolgt das Ziel, realistische Formen des Fundraisings im Bistum aufzubauen, wozu auch das richtige Verhältnis von Aufwand und Ertrag zählt.

Im *Geschäftsfeld 3* arbeitet das Fundraisingbüro als Agentur – vornehmlich, aber nicht nur – für kirchliches Fundraising bundesweit, mit Schwerpunkt für Kunden aus dem Raum der verfassten Kirchen. Hier gelten übliche Marktpreise. Das Büro versteht sich hier als Aufbauhelfer. Das Ziel ist, in einem strukturierten Prozess im ersten Schritt die Organisation fähig für Fundraising zu machen. Dabei wird die Herangehensweise der systemischen Organisationsentwicklung eingesetzt, um danach kontinuierlich das operative Fundraising zu entwickeln. Dazu wird das gesamte Instrumentarium des operativen Fundraisings vorgehalten. So werden Anfangs oft kleine Projekte mit hohem Unterstützungsaufwand durchgeführt. Diese Unterstützung kann dann reduziert werden, wenn die Organisation ihre eigenen Potentiale entwickelt hat.
Schließlich koordiniert das Fundraisingbüro als Einrichtung des Generalvikars im Auftrag des Bischofs von Hildesheim sämtliche zentralen Fundraising-Aktivitäten in der Diözese.

Die Mitarbeiter

Klaus Heil

Dipl.-Sozialarbeiter, Studium von Sportwissenschaft und Germanistik, Tätigkeiten als Trainer, als Sozialarbeiter in sozialen Brennpunkten, als Geschäftsführer eines Caritasverbandes und als Leiter Fundraising des Caritasverbandes Frankfurt. Seit den frühen 90er Jahren Tätigkeiten in der Organisationsentwicklung von Einrichtungen und Verbänden, sowie als Dozent und Prüfer an der Fundraising-Akademie. Referent und Autor zu Fachfragen des Fundraisings. Leiter der Fachgruppe Kirche (gemeinsam mit Paul Dalby) im Deutschen Fundraising-Verband.

„Fundraising ist mehr als nur Spenden sammeln. Fundraising ist der Aufbau und die Pflege einer lebendigen, vertrauensvollen und nachhaltigen Beziehung. Das ist unsere Kernaufgabe. Und nur daraus entsteht die Unterstützung für unsere guten Werke."

Schwerpunkte:
Leitung des Fundraisingbüros. Organisationsberatung und Projektentwicklung

Telefon: (0 51 21) 174 93-14
heil@fundraisingbuero.de

Dr. Ralf Tappe

Studium der Pädagogik, Psychologie und Soziologie. Fundraiser (FA). Tätigkeit in der kommunalen Kulturadministration, auf dem musealen Sektor sowie in universitären Arbeitsfeldern. Seit 2001 Mitarbeiter des Fundraisingbüros. Seit 2002 Lehrbeauftragter für Fundraising an der Fachhochschule Hildesheim/Holzminden/Göttingen.

„Fundraising ist Mittelbeschaffung für gemeinnütziges Gestalten. Es setzt bei allen Beteiligten eine besondere Hingabe zur Sache und ein offenes und ehrliches Verhalten zueinander voraus."

Schwerpunkte:
Kirchengemeinden und Einrichtungen der verfassten Kirche im Bistum Hildesheim, Beauftragter für Stiftungen

Telefon: (0 51 21) 174 93-15
tappe@fundraisingbuero.de

Schwerpunkte:
Beauftragte für Schulfundraising, Corporate Identity: strategische Entwicklung und Umsetzung für gemeinnützige Organisationen

Telefon: (0 51 21) 174 93-12
groener@fundraisingbuero.de

Alexa Gröner

Studium Visuelle Kommunikation, Stuttgart, seit 1987 Erfahrung in der strategischen Entwicklung und Umsetzung von Corporate Identity Management für internationale Organisationen und Einrichtungen, ab 1995 Marketingstrategien für das Internet
Ausbilderin IHK, Dozentin im Bistum Köln und an der Merz Akademie, Stuttgart
Fernstudiengang Theologie an der Kath. Akademie Würzburg abgeschlossen, seit 2007 in Ausbildung zur Fundraiserin an der Fundraising Akademie Frankfurt a. M.
Mitarbeiterin im Fundraisingbüro seit September 2008.

„Schulfundraising bedeutet auch Zukunft mit gestalten zu können – jetzt! Gemeinsam entwickeln und umsetzen, in die Region wachsen, Projekte wachsen lassen – Fundraising unterstützt und schafft Perspektive für alle Beteiligten."

Schwerpunkte:
Stiftungsmittelakquise und Antragsmanagement, Anlassspenden, Kirchengemeinden und kirchliche Einrichtungen.

Telefon: (0 51 21) 174 93-16
wolf@fundraisingbuero.de

Reimund Wolf

Diplom Sozialpädagoge/Sozialarbeiter, Zusatzstudium „Management und Organisationsentwicklung in kirchlichen und sozialen Einrichtungen" – Diplom Sozialwirt, Fundraiser (FA). Seit 1997 für das Bistum Hildesheim tätig. Langjährige Berufserfahrung in der Bildungs- und Jugendsozialarbeit, Erfahrungen in der Erwachsenenbildung, Projekt- und Veranstaltungsmanagement. Seit 2006 im Fundraisingbüro Bistum Hildesheim tätig.

„Fundraising sollte immer ein Gewinn für alle Beteiligten sein!"

Heike Reichl

Verwaltungsfachangestellte, EDV-Kauffrau mit intensiven EDV-Schulungen. Seit 2001 Mitarbeiterin des Fundraisingbüros.

‚Ohne Begeisterung ist noch nie etwas Großes geschaffen worden.'

Zitat von Ralph Waldo Emerson.

Dies gilt nicht nur für die Kunden, die wir bei Ihren Aufgaben und Projekten begleiten. Auch wir führen unsere Aufgaben zur Entwicklung des Fundraisingbüros mit Begeisterung und Engagement durch.

Schwerpunkte:
Sekretariat, Administration, Recherche, Kommunikation, EDV-Unterstützung.

Telefon: (0 51 21) 174 93-10
reichl@fundraisingbuero.de

Marion Kaiser

Kauffrau für Bürokommunikation

„Wer nicht wagt, der nicht gewinnt! Gemeinsam Zielsetzungen entwickeln – optimistisch den Weg gehen, nur so kann erfolgreich Zukunft geschaffen werden."

Schwerpunkte:
Sekretariat, Administration, Kommunikation

Telefon: (0 51 21) 174 93-0
kaiser@fundraisingbuero.de

Literaturempfehlungen

Nicole Fabisch ///

Fundraising Spenden, Sponsoring und mehr

Beck-Wirtschaftsberater im dtv
(Taschenbuch - September 2006)

In der Kürze eines Taschenbuchs führt das Buch in das Fundraising ein. Beispiele und Trends aus Deutschland und Amerika illustrieren die Beschreibung der verschiedenen Fundraisinginstrumente. Schritt für Schritt wird aufzeigt, wie durch systematische Planung zusätzliche Mittel beschafft werden können. Ein Buch, dem die Übertragung von Marketingdenken in das Fundraising zu Grunde liegt.

Kai Fischer, Bettina Hohn, Thomas Kreuzer ///

Fundraising Praxis – aus erfolgreichen Beispielen lernen

Book on Demand GmbH, Norderstedt; 1. Auflage (Juli 2005)

Aus unterschiedlichen Organisationen und Regionen in Deutschland werden Best-Practice-Beispiele von erfahrenen Praktikern in diesem Sammelband vorgestellt. Die breite Palette der Fundraisingmaßnahmen reicht von Events, Sponsoringmaßnahmen über die Einwerbung von Stiftungsmitteln bis zu mehrstufigen, komplexen Spendenkampagnen. Die Projekte werden von der Planung und Vorbereitung über die Umsetzung bis zu den Ergebnissen vorgestellt.

Alexander Gregory und Andere ///

Fundrasing – Tipps und Adressen zur Finanzierung von Vereinen, Projekten und gemeinnützigen Einrichtungen [...]

Evangelisches Bildungswerk München/Arbeitsgemeinschaft sozialpolitischer Arbeitskreise (AG Spak)

Diese Nachschlagewerke gibt es bislang in verschiedenen Ausgaben für die Länder Bayern, Hessen – Rheinland-Pfalz – Saarland, Nordrhein-Westfalen und Baden-Württemberg. In über 400 Kapiteln und Unterkapiteln werden Möglichkeiten des Fundraising mit Beispielen, Tipps, Checklisten und (Internet-)Adressen beschrieben. Das Handbuch fokussiert sich auf das Fundraising vor Ort und zeigt leicht übertragbare Beispiele. So kann man die Erfahrungen zahlreicher Initiativen bei der Finanzierung der eigenen Organisation nutzen. Ein umfangreiches Register rundet das Nachschlagewerk ab.

Marita Haibach ///

Handbuch Fundraising – Spenden, Sponsoring, Stiftungen in der Praxis

Campus-Verlag (September 2006)

Alle Themen, die mit Fundraising und Sponsoring zu tun haben werden in diesem Handbuch vorgestellt. Für Einsteiger und Fundraising-Profis werden alle gängigen Fundraising-Methoden beschrieben und ein Überblick über den Fundraising-Markt gegeben. Die Erfahrungen der bekanntesten Fundraising-Profis aus Deutschland machen in vielen Praxis-Beispielen von Greenpeace, Deutsche Welthungerhilfe, WWF und Deutsche Herzstiftung Mut für die eigene Arbeit.

Konrad Höß, Udo Schnieders ///
Fundraising in der Praxis
23 Erfolgsgeschichten aus Kirche, Caritas und Orden
Verlag Haus Altenberg, 1. Auflage (April 2007)

Die 23 Erfolgsgeschichten werden in diesem Buch von den Beteiligten selbst erzählt und geben einen guten Einblick in die Wirklichkeit kirchlichen Fundraisings. Die Herausgeber geben zu jedem der 23 Fundraisinginstrumente wertvolle Erläuterungen, Hinweise und Tipps, die bei der Umsetzung im eigenen Kontext helfen. Expertenbeiträge beleuchten die Bereiche Theologie und Ethik sowie die pastorale Komponente des kirchlichen Fundraisings. Bildbeispiele und Aktualisierungen finden sich auf der begleitenden Website www.fundraising-in-der-praxis.de

Bernd Jaenicke ///
Lexikon Fundraising – Ein praktischer Ratgeber
Büro Inno

Dieses Nachschlagewerk erscheint als Loseblatt-Sammlung mit einer CD-Rom für den PC, die auch einzeln erhältlich ist. Über 400 Begriffe und Methoden aus Fundraising, Werbung, Öffentlichkeitsarbeit, Spenden- und Stiftungsrecht werden besonders für Einsteiger erklärt. Ergänzt ist die Sammlung um nützliche Adressen, Internet-Kontakte und Literaturhinweise.

Helmut Liebs ///
Damit die Kirche im Dorf bleibt: Fundraising
30 beste Beispiele aus Württemberg
Ev. Medienhaus GmbH (Mai 2007)

In diesem Buch sind neben den zehn ausgezeichneten Projekten weitere beste Beispiele erfolgreicher Fundraisingaktionen aus den Bewerbungen um den 1. Würtembergischen Fundraisingpreis der Evangelischen Landeskirche in Würtemberg beschrieben. Mit konkreten Tipps zu Benefizveranstaltungen, Sponsoring, Bußgeldmarketing, der Optimierung von Opfergaben und einer Checkliste für Mailings wird abschließend praktische Hilfestellung gegeben. Als reines Praxisbuch verzichtet es auf lange theoretische Ein- und Ausführungen.

Susanne Reuter, Klaus Heil ///
Erbschaftsfundraising.
Mit Herzblut und Fingerspitzengefühl
Medienverband der Evangelischen Kirche im Rheinland GmbH, Düsseldorf, (November 2007)

„Mit Herzblut und Fingerspitzengefühl" ist ein Handbuch, das ethisch-moralische Orientierung auf dem heiklen Gebiet des kirchlichen Erbschaftsfundraisings bietet.
Fünf Theologen, die auf eigene praktische Erfahrungen zurückgreifen, entwickeln Elemente einer Theologie des Erbschaftsfundraisings: Das Liebesgebot, die Funktion des Dankes, die über das eigene Leben hinausreichende Verantwortung, unsere Pflicht als Erben der Menschheitsgeschichte, selbst Erblasser zu sein, das und mehr sind Themen dieser tiefgründigen Untersuchungen.
Darüber hinaus hilft Erbschaftsfundraising bei den strategischen Planungen einer Non-Profit-Organisation, bei der Analyse ihrer Stärken und Schwächen, der Chancen und Risiken oder bei der Stakeholder-Analyse. Es zeigt, wie Ziele aus dem systemischen Blickwinkel entwickelt und operationalisiert werden, und warum die Überzeugungskraft der Anliegen, die innere Haltung und Glaubwürdigkeit der Handelnden und die Werteorientierung der fundraisenden Organisation die entscheidenden Voraussetzungen für den Erfolg sind.
Neben Theologen kommen Fundraisingprofis aus kirchlichen und nichtkirchlichen Nonprofit-Organisationen zu Wort.

Jens Watenphul ///
Fundraising: 46 Experten erläutern Kampagnen, Events, Sponsoring u.v.m. mit exakten Anleitungen und Medienworkshops
FINK medien; Fundraisingakademie, 1. Auflage (Oktober 2005)

Verschiedene Dozentinnen und Absolventen der Fundraisingakademie zeigen in eigenen Beiträgen an realen Beispielen auf, wie Organisationen ihr Potenzial auf dem Spendenmarkt künftig besser ausschöpfen können. Die Notwendigkeit der Professionalisierung im Fundraising wird im ersten Teil besonders beleuchtet.

Wir danken unseren Sponsoren!

Finanzgruppe
Sparkasse
VGH
LBS
DekaBank

fundraisingbüro
bistum hildesheim

Impressum

Fundraising von unten

Veränderungen annehmen – Zukunft von Kirche mitgestalten

Reihe: Hildesheimer Fundraising-Workbooks

Herausgeber

Fundraisingbüro Bistum Hildesheim

Hildesheim, September 2008

Autoren und Co-Autoren

Klaus Heil

Prof. Dr. Wolfgang Nethöfel

Bischof Norbert Trelle

Dr. Ralf Tappe

Martin Krüger

Clemens Wehr

Reimund Wolf

Gestaltung

diveers designbruderschaft, Berlin, Mainz

Lena Weissweiler

Simon Wehr

Clemens Wehr

Sponsoren

Bank für Sozialwirtschaft

Darlehnskasse Münster eg

diveers designbruderschaft

Fundraiser Magazin

Pax Bank

VGH

Druck

Druckerei Wolf, Ingelheim

Verlag

Bernward bei Don Bosco

ISBN: 978-3-7698-1683-9